U0626331

奇姓通

（第二册）

UESTCP

电子科技大学出版社

第二册目録

奇姓通卷五　上聲上

鞏豐　寵義

鷰氏　紫景望

弭仲叔　蛾析

邸杜　喜信

奉真　璽書

子鉏商　癸仲

吳

梓慎　綺烏

里革　耳元朙

芊嬰　揣本

倚相　水甦民

錡宣　軌革

蘧啓疆　蟻逢

蔿賈　祀淵

是儀　俟子

士燮　姒庸道

市吏　斐謀之

爼有用　鬼臾蓲

偉璋　尾敦

屎昭　汝爲

處子　所忠

拱北　楚智

圍合陽　女叔齊

筥光　巨覽

緒東山　侶鍾

序點　鄔彤

晉仲賢　仵瑜

萬章　猧公

鹵公孺　栩丹

虎臣　補郎

古弼　取慮宗

甫瑕　府悝

苦成　五梁

輔公祐　主胄

扈謙　午汝臣

豎亥 尸尊

禰衡 米芾

禮震 底蘊

洗文淵 買叔千

每當時 亥唐

黽初宮 在育

逎穆泰 采皓

宰我　改產

海鵬　壘錫

隕丘　盡言

隱翁　蹇道會

宛射犬　忖巳

偃州員　反涘

苑康　圈文生

晏清　罕虎

奇姓通卷五　上聲上

江陰夏樹芳茂卿輯

華亭陳繼儒仲醇校

鞏豐

宋人。晉大夫鞏朔之後。字仲至。從、呂祖謙、游。淳熙以太學上舍對策高第。教授漢陽軍。後知臨安縣。政簡刑平。吏民向化。尋以祠祿罷。卒年七十。豐奇才博學。人謂宜居館閣中秘。而徘徊下列。人多惜之。又輩伋爲漢侍中。秉忠貞不二之節。

寵義

蜀將。又五代時有寵令圖。

寪氏

寪氏音委。曾大夫。左傳。公祭鍾巫。齊于社圃館于寪氏。壬辰。羽父使賊弒公于寪氏。立桓公而討寪氏。

紫景望

宋理宗初年。爲永州太守。明達政理。檢核吏姦。更置簿書。不踰年財賦自裕。人戶輸

茈又　本朝有紫諫紫承。

弭仲叔

漢人與伯英同時伯英稱其有命世之才見三輔決錄

蛾析

左傳秦伯改館晉侯蛾析謂慶鄭曰盍行乎對曰陷君於敗敗而不死又使失刑非人臣也臣而不臣行將焉入十一月晉侯歸丁丑殺慶鄭而後入注蛾析晉大夫蛾

音蟻。

邸杜

漢上郡太守。又唐有邸懷道。爲左司郎。

喜信

成化間都督。征劉千斤有功。又天順中有

逆閹喜寧。

奉眞

宋熙寧中以醫名聞東都許元爲江淮發運使奏課於京師時欲入對而其子疾革使奉眞視之曰脾氣已絕不可治死在明日元曰固然今方有事須陛對能延數日否奉眞曰此可爲也諸臟已衰惟肝臟獨過脾爲肝勝其氣先絕絕則死若急瀉肝氣令衰則脾少緩可延三日過此無術也

乃投之藥。至晩遂漸蘇。越三日果卒。其法傳之元覺。元覺傳之法琮。世以爲神醫云。

墨書

陽谷人。正德中富峪衞經歷。

子鉏商

家語。子鉏商。魯叔孫之車士也。采薪於大野。獲麟焉。折其前左足。載以歸。叔孫以爲不祥。棄之郭外。使人告孔子曰。有麐而角者何也。孔子往觀之曰。此麟也。胡爲乎來哉。反袂拭面。涕泣沾襟。謂子貢曰。麟之至。爲明王也。出非其時而見害。吾是以傷之。

癸仲

宋人。知嚴州軍。姜姓。齊癸公之後。

梓愼

左傳魯昭公二一月日南至梓愼望氛曰今茲宋有亂國幾亾三年而後弭蔡有大喪叔孫昭子曰然則戴桓也汰侈無禮已甚亂所在也」又襄公二十八年春無氷梓愼曰今茲宋鄭其饑乎歲在星紀而淫于玄枵陰不堪陽蛇乘龍龍宋鄭之星也宋鄭必饑玄枵虛中也土虛而民耗不饑何爲

綺烏

見韓非子。

里革

國語魯宣公夏濫於泗淵里革斷其罟而棄之曰古者大寒降水虞於是乎講罛罶取名魚登川禽而嘗之寢廟行之國人助宣氣也鳥獸孕水蟲成獸虞于是乎禁罝

羅矠魚鼈以爲夏犒助生阜也鳥獸成水蟲孕水虞於是乎禁罝麗設穽鄂以實廟庖畜功用也且夫山不槎蘖澤不伐夭魚禁鯤鮞獸長麑麌鳥翼鷇卵蟲舍蚳蝝蕃庶物也古之訓也今魚方別孕不教魚長又行網罟貪無埶也公聞之曰吾過而里革匡我不亦善乎是良罟也爲我得法使

有司藏之使吾無忘諗。

耳元明

卽墨人。洪熙中撫州衛知事。今杭州有此姓。

芉嬰

漢書。芉嬰七十子之後。齊人。著書十篇。芉。從艸從干。音米。與楚姓芊字不同。秦襄王毋芉、太、后、。

揣本

泌陽人。永樂舉人。

倚相

左傳。楚靈王將求鼎於周。求田於鄭。大夫工尹路曰。君王命剝圭以爲鏚柲。敢請命。士人視之書。語左史倚相。倚、相、誦、祈、招之詩曰祈招之愔愔乎式昭德音思我王度式如玉式如金刑民之力而無醉飽之心靈王揖而入饋不食寢不寐數日則固不能勝其情以及於難孔子曰克己復禮爲仁楚靈王若能如是豈其辱於乾谿子革之非左史所以風也誦詩以諫順哉

水尯民

洪武間爲邵武知縣。廉、明、慈愛、爲循良第一。

錡宣

國策。錡宣之教韓王取秦曰。爲公叔具車百乘。言之楚易三川。因令公仲謂秦王曰。三川之言曰。秦王必取我。韓王之心不可解矣。王何不試以襄子爲質於韓。令韓王

知王之不取三川也因以出襄子而德太子又漢書錡華雒陽人作賦九篇

軌華

周時人精曆算其術傳之費孝先

蘧啓疆

楚太宰亢直而能盡諫晉韓宣子如楚叔向爲介楚子曰晉君讐敵也吾將辱之啓

疆諫止之其言講信修睦悉中禮義遠音
委。

蟻逢

漢蟻逢在印藪。

蔿賈

左傳楚子將圍宋使子文治兵於睽終朝
而畢不戮一人子玉復治兵於蔿終日而

九下七七六四·卅四 卸

畢鞭七人賈三人耳國老皆賀子文飲之酒蔿賈尚幼後至不賀子文問之對曰不知所賀子之傳政於子玉曰以靖國也靖諸內而敗諸外所獲幾何子玉之敗子之舉也舉以敗國將何賀焉」蔿賈之子蔿艾獵即孫叔敖也傳云蔿敖為宰擇楚國之令典相楚莊王以霸三得相不喜三失相

不櫑。蔿音委。

祀淵

洪武進士。舒城人。

是儀

字子羽。北海營陵人。本姓氏。郡相孔融嘲儀言氏字民無上。因改爲是。後依劉繇避亂江東。從會稽。孫權徵典機密。使輔太子。

太子事先咨詢然後行時典校郎呂壹誣江夏太守刁嘉謗訕國政權怒問同坐人皆怖畏壹並言聞之儀獨言無聞對曰今刀鋸已在臣頸臣何敢爲嘉隱自取夷滅爲不忠之鬼嘉得免儀不治產業不事權幸居恒蔬食飯親及寢疾遺令素棺斂以時服」唐天寶初有是光義爲秘書少監著

語類十卷

侯子

六國時人善著書

士燮

春秋有士燮漢亦有士燮字威彥廣信人燮治左氏春秋建安中舉茂才遷交趾太守以循良著稱中國士人往依者以百數

在郡凡四十餘年卒年九十

姒庸道

陜州人洪武初知米脂縣為政簡明民咸戴之

市吏

伍子胥亾楚奔至吳乃被髮佯狂跣足塗面行乞於市市人罔有識者翼日吳中有

市吏善相者見之曰吾之相人久矣未嘗見斯人也得非異國之亡臣乎乃白吳王僚具陳其狀王宜召之王僚曰與之相入公子光聞之私喜曰吾聞楚殺忠臣伍奢其子子胥勇而且智彼必復父之仇來入於吳陰欲養之市吏於是與子胥俱入見王王僚怪其狀偉身長一丈腰大十圍眉

問一尺王僚與語三日辭無復者王曰此特出之賢人也又漢有市佩爲淮南王中郎。

斐諶之

少有風格邢邵每云我斐四標邁

俎有用

慶都人宣德中五臺知縣又正德中有俎

琚字佩章爲員外郎

鬼臾蓲

黃帝外紀帝問鬼臾蓲曰上下周紀其可數乎對曰天以六節地以五制用天氣者六期爲備終地紀者五歲爲周五六合者歲三千七百二十氣爲一紀六十歲千四百四十氣爲一周太過不及斯巳見矣乃

因五量治五氣起消息察發斂以作調歷

歲紀甲寅日紀甲子而時節定是歲己酉

朔旦日南至而獲神策得寶鼎又宋有鬼

章作亂

偉璋

漢光祿勳

尾敦

漢尾敦劉虞故吏虞爲公孫瓚所害敦於路刼虞首歸葬之

扆昭

解州人永樂中以御史謫崑山令

汝爲

宋豐縣人建炎中陳邊事假開州刺史使金兼致書劉豫豫誘以官固辭以機密歸

報朝廷獻恢復方略又上丞相書三要秦檜欲械送金人乃變姓名入蜀所著有忠嘉集

處子

上聲周時辯士也著書九篇又漢有處興爲北海太守

所忠

姓譜武帝時爲諫議大夫司馬相如病上

使所忠往收遺書得書言封禪事」又安帝

時有小吏所輔爲縣令劉雄交難

拱北

本朝和順人景泰進士又有拱廷臣

楚智

本朝驍將洪武中數從宋國公涼國公出

塞有功。已從曹國公統騎卒。遇靖難兵。輒奮力死戰。夾河之役。被執。不屈。死之。

圍合陽

楚大夫。

女叔齊

左傳。魯昭公如晉。自郊勞至於贈賄。無失禮。晉侯謂女叔齊曰。魯侯不亦善於禮乎。

對曰魯侯焉知禮政令在家不能取也有子家羈弗能用也奸大國之盟陵虐小國利人之難不知其私公室四分民食於他思莫在公不圖其終爲國君難將及身不恤其所禮之本末將於是乎在而屑屑焉習儀以亟言善於禮不亦遠乎

筥光

漢人見印數。

巨覽

東漢巨覽順帝時與李固齊名國朝有巨敬平涼人建文中爲監察御史改戸部尚書靖難時不屈死又巨鯨靈臺人任監察御史亦死於靖難

緒東山

馬平人。嘉靖中高安知縣。

侶鍾

字大器成化二年進士巡按浙江嘗曰小民之不得安於鄉里者有司之虐政致之也彼賣菜傭何足問哉贓吏望風解印綬去民間晏然官至戶部尚書

序點

侍教於孔子。

鄔彤

晉有鄔彤。工草書。如寒林棲鴉。

普仲賢

洪武中湖廣僉事。溧陽人。又正德中有普暉。任長安教諭。文行優長。歷西安知府。山東憲副。

仵瑜

字仲甫蒲圻人嘉靖初以議大禮忤旨

廷杖卒

萬章

漢書游俠傳萬章字子夏長安熾盛街閭各有豪俠章在城西柳市號西城萬子夏與中書令石顯相善門車常接轂至成帝

初石顯坐專權擅勢免官徙歸故郡顯貲
鉅萬當去留牀席器物數百萬直欲以與
章章不受賓客或問其故章歎曰吾以布
衣見哀於石公此爲石氏之禍萬氏反當
以爲福耶諸公以是服而稱之後王尊爲
京兆尹捕擊豪俠遂殺章

羽公

漢俠士。

鹵公孺

游俠傳。關中長安樊仲子。槐里趙王孫。長陵高公子。太原鹵公孺雖爲俠而逡巡有退讓君子之風。

栩丹

見董賢傳。陳留先賢有栩氏。

虎臣

周時虎會諷簡子罷推車因置酒與羣臣飲以虎會為上客又 國朝有虎臣陝西麟游人慷慨有氣節成化末入太學適憲宗於萬歲山搭燈棚登眺臣具疏極諫時祭酒懼禍延師長以鄉瑺繫臣堂樹上俄官校宣臣至左順門溫 旨勞之即拆棚

祭酒大慚又上疏列王振之惡自是名聞天下拆棕棚時旨許選時授七品正官後選楚雄府鄂嘉知縣卒於官人共惜之

補郎

漢有補郎見印藪唐有中常侍補眞珠

古弼

南北朝古弼代人少忠謹善騎射仕魏以

功封靈壽侯歷官吏部尚書弼雖事務殷湊而讀書不輟口不言禁中事一日入奏減苑囿太武方與劉樹棋弼侍坐良久不獲申乃起於帝前捽樹掣下牀以手搏之曰朝廷不理實爾之辠帝愕然放棋曰不聽奏事朕之過也樹何辠弼具狀以聞帝奇而可其奏

取應宗

宋取應宗。取希作。俱淳熙進士。富順人。

甫瑕

史記。鄭厲公突在櫟。使人誘劫鄭大夫甫瑕。要以求入。瑕曰。舍我。我爲君殺鄭子而入君。厲公與盟。乃舍之。六月甲子。瑕殺鄭子。及其二子。而迎厲公。厲公復入。卽位。初內蛇與外蛇相鬬於鄭南門中。內蛇死。居六年。厲公果復入。入而讓其伯父原曰。我亾國外居。伯父無意入我亦甚矣。原曰。事君無二心。人臣之職也。原知皐矣。乃自殺。厲公于是謂甫瑕曰。子之事君有二心矣。遂誅之。

府悝

姓苑。府悝。漢人。爲司徒掾。

苦成

吳越春秋。越王勾踐與大夫種范蠡入臣於吳。羣臣送之江上。大夫苦成曰。發君之令。明君之德。窮與俱厄。進與俱霸。統煩理亂。使民知分。臣之事也。」又苦灼。漢會稽太守。

丁六十〇五六丶廿五

五梁

字德山以儒學節操稱仕蜀漢爲五官中郎將國朝有五淮弘治中宜城知縣

輔公祐

仕唐爲錄事李太白贈以詩云鸚鵡洲橫漢陽渡水引寒煙沒江樹漢口雙魚白錦鱗令傳尺素報情人

主胄

見隋書。洪武中有主問禮。任主事。

扈謙

晉廢帝疑桓溫有異志。命謙卜之。卦成答曰。晉室有磐石之固。陛下有出宮之象。後溫有枋頭之敗。遂誣帝宮闈重秘。廢立果如謙言。 國朝有扈俊臣扈遲。俱爲能吏。

午汝臣

漢人。見容齋隨筆。又宋有午相。相州人。淳熙進士。兄弟以儒業名家。

豎亥

路史。黄帝命豎亥通道路。正里候。得小大之國萬區。而神靈之封隱焉。又豎柎爲鄭大夫。歲大旱。有事於桑林。禱雨。斬其木不

雨子產曰有事於山蓺山林也而斬其木其辠大矣奪之官爵

尸尊

漢有男子尸尊　國朝有順天舉人尸校

禰衡

典畧禰衡字正平平原人建安初自荆州北遊許都恃才傲逸時年二十四許都新

建尚饒人士衡懷一刺字漫滅而無所適或問之何不從陳長文司馬伯達答曰欲使我從屠沽兒輩耶又問當今許中誰最可者曰大兒孔文舉小兒楊德祖我其季孟間哉曹操欲與相見而衡疾惡之意常憤懣自稱狂病不肯往而數有言論操聞其名欲辱之乃錄爲鼓吏衡着岑牟單絞

而前擊爲漁陽參撾淵淵有金石聲四座爲之改容孔融嘗曰禰衡皐同胥靡不能發明王之夢魏武聞而大慙遂赦之

米芾

宣和文臣傳元章初見徽宗命書周官篇於御屏書畢擲筆於地大言曰一洗二王惡札照耀皇宋萬古徽宗潛立於屏風後

聞之不覺步出縱觀歎賞徽宗一日于瑤林殿張絹圖方廣二丈許設瑪瑙硯李廷珪墨牙管筆召米書之上出簾觀看元章乃反繫袍袖跳躍便捷落筆如雲龍飛動聞上在簾下回顧抗聲曰奇絕陛下上大喜盡以硯匣鎮紙之屬賜之官至禮部員外郎按米非奇姓楊升庵載入希姓錄豈

以米姓自胡來抑蜀中無此姓耶

禮震

漢禮震平原人光武時師事歐陽歙歙爲汝南太守坐臯下獄震年十七聞獄當斷馳入京師行至河內獲枷自繫上書求代歙死

底蘊

字汝章考城人正德進士剛正有守蒞政明決歷官兵部右侍郎

洗文淵

廣東順德人正德中四年知南安縣性方介不能徇世以奸頑犯者無曲貸民咸德之徭役賦稅無後期者居官清苦食無重味衣無重襲沖約如寒士

買叔千

五代時將軍。又元有買住韶州路同知。以廉介聞。至正間。郴寇陷樂昌。買住率義兵敗賊。遂復樂昌乳源諸縣。又督兵出勦餘黨。時方寢疾。竟歿軍中。郡人義而祀之。

每當時

漢人見印藪。

下十五。廿八廿七 鄉

亥唐

隱居高士晉平公重禮之。

黿初宮

漢人見印藪。

在育

晉汝南太守在上聲。

廼穆泰

元廼穆泰。字景春。三山人。至正末。以延平路總管監南安縣。時當寇亂。調度轉輸。以給軍餉。勞來安定。以復流亾。復以政暇修舉學校。時稱良吏。

采皓

漢度遼將軍。

宰我

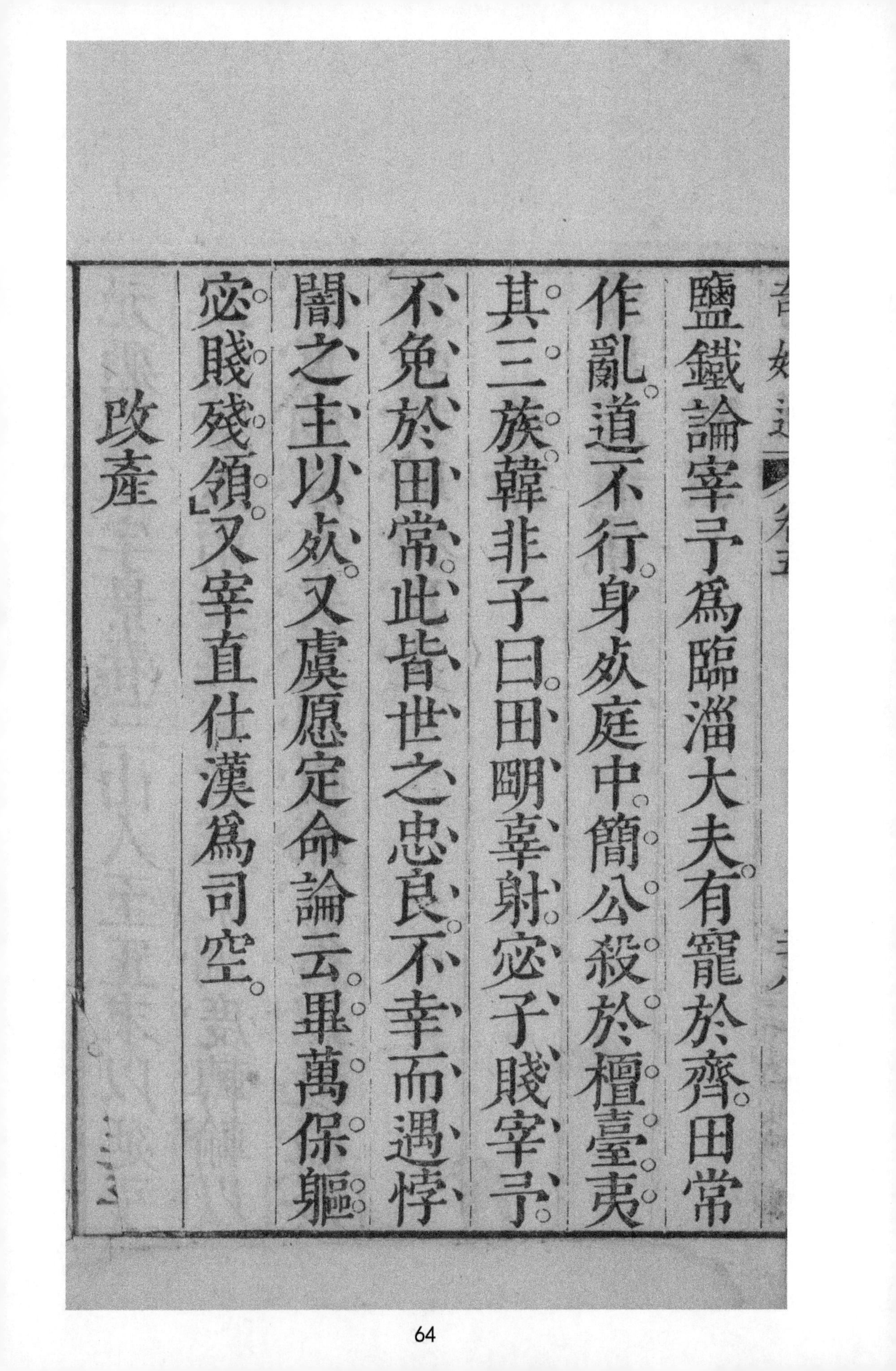

鹽鐵論宰予為臨淄大夫有寵於齊田常
作亂道不行身死庭中簡公殺於檀臺夷
其三族韓非子曰田明辜射宓子賤宰予
不免於田常此皆世之忠良不幸而遇悖
闇之主以死又虞愿定命論云畢萬保軀
宓賤殘領又宰直仕漢為司空

改產

秦大夫。

海鵬

唐人撰草經一卷。國朝有海瑞瓊山人。以直諫歷官都御史爲一代名臣。

壘錫

晉梓潼太守。

隕丘

燧人氏四佐一曰隕丘受延禧出陳氏世編。

盡言

宋盡言眉山人秦檜亥推湯鵬舉爲侍御史盡言作啓賀曰以三尺之童冠兩浙之士老牛舐犢溺愛誰先野鳥爲鸞欺君孰甚盡子忍反。

隱翁

漢河間太守。又宋有隱亥。河間中尉。

蹇道會

唐侍臣。從僖宗西幸。僖宗謂曰。蹇不利東北。因更氏曰蹇。又　國朝有蹇衡。眉州人。以孝義旌表其廬。

宛射犬

左傳。楚子伐鄭以救齊。門于東門。次於棘澤。諸侯還救鄭。晉侯使張骼輔躒致楚師。求御于鄭。二人卜宛射犬吉。子大叔戒之曰。大國之人不可與也。對曰。無有衆寡。其上一也。大叔曰。不然。部婁無松柏。二子在幄。坐射犬於外。既食而後食之。使御廣車而行。已皆乗乗車。將及楚師。而後從之乗

皆踞轉而鼓琴近不告而馳之皆取冑于
櫜而冑入壘皆下搏人以投收琴挾囚弗
待而出皆超乘抽弓而射既免復踞轉而
鼓琴曰公孫同乘兄弟也胡再不謀對曰
曩者志入而已今則怯也皆笑曰公孫之
急也射犬鄭公孫又漢有宛暹下邳相
忖已

秦人。管、仲、誅之。

優州員

吳人。見左傳。又優師。周穆王巡狩。謁王曰。臣有所造。願王觀之。王曰。若偕者何人。對曰。臣所造倡者以爲實人。與妃御觀之。倡者瞬、目、招、王、侍、妾。王欲誅之。優立剖、倡、以示。皆、傳、會、舞、木。膠、漆、丹、青、爲之。

反涘

漢人見印藪。

苑康

漢苑康字仲真。泰山人。守郡多豪猾。康嚴申禁令。人莫敢犯。以事忤常侍侯覽。誣以臯坐徙日南。泰山人詣闕訴其寃。得還本郡。又苑咸。唐開元進士。成都人。善書工詩。

與王維訓和

圈文生

圈求晩切圈稱秦時人陳留風俗志乃圈稱所撰又陳留志有圈秉字宣明蔡伯喈集有圈典魏有圈文生

晏清

晉晏清中郎將晏靜寧州刺史晏音緩今

江陵多此姓。

罕虎

字子皮。子皮子要齊。要齊子達。達子魋。魋子朔。世爲鄭卿。子皮授子產政。子產辭。子皮曰。虎帥以聽。誰敢犯子。子善相之。

奇姓通卷六上聲下

滿寵　　亶誦

簡卿　　展禽

坦中庸　　棧潛

緩邵　　莞蘇

産麟　　勉昂

扁鵲　　兗公序

典韋　淺皋

雋不疑　善友

蹇叔　鳥朙

蓼崇業　矯庸

皎公羨　紹績昧

犀賈　繞朝

侅彊　保睿

卯疏　老古

烏璞　葆申

草王橋　抱嶷

藻重　皓進

棗祇　浩賞

寶篆　杲元啓

我子　可中止

鎖政　埜佑

把康　且謹修

也伯先　冶區夫

拾敬　假倉

闈和　養奮

敞屠洛　黨叔

廣嵩　掌禹錫

賞慶　党進

仉氏　黨耐虎

曩秉彝　莽通

蕩意諸　上纘

猛足　頴容

永石公　冷世光

郱漢　幸元龍

荇不意　景毅

秉寬　消竈

井丹　涬寅遜

靖君亮　鼎澧

冼勁　守恭

酒好德　酉牧

丑誾　醜長

斗蓋　首得仁

偶桓　耇秉彝

九嘉　鈄滔

口祿　苟睎

屖文　有若

狗未央　厚⿸疒春

審忠　品嵒

橄大經　坎輝

冉孺　染閔

昝如心　免乙

檢其　陜茂

剡次雲　閃霱

匽綠　減宣

奇姓通卷六 上聲下

江陰夏樹芳茂卿輯

華亭陳繼儒仲醇校

滿寵

三國時滿寵字伯寧昌邑人仕魏屢立戰功官至太尉寵不治產業家無餘財詔賜田四十頃穀五百斛錢二十萬以表清節

亹誦

亹誦漢人中謁者延光二年與張衡周興等論律曆

簡卿

西漢人受尚書於倪寬又受於夏侯勝三國有簡雍勸昭烈取成都復爲説劉璋歸命拜昭德將軍

展禽

國語。柳下惠。魯公族展氏也。名獲。字季禽。魯適有海鳥曰爰居。止於東門之外三日。臧文仲使國人祭之。展禽曰。越哉臧孫之爲政也。夫祀。國之大節也。先王制祀。法施於民則祀之。以死勤事則祀之。以勞定國則祀之。能禦大災則祀之。能捍大患則祀之非是族也不在祀典加之以社稷山川之神皆有功烈於民者也及前哲令德之人所以爲明質也及天之三辰民所以瞻仰也及地之五行所以生殖也及九州名山川澤所以出財用也非是不在祀典今海鳥至不知而祀之以爲國典難以爲仁且智矣夫仁者講功智者處物無功而祀

之非仁也不知而不問非智也今茲海其有災乎是歲也海多大風冬暖臧文仲聞之曰是吾過也夫季子之言不可不法也使書之以爲三筴注三筴三卿每卿一通司馬司徒司空也又齊侵魯北鄙使展喜犒師而還展喜即展禽之弟又有展上公學道於伏龍得仙術

坦中庸

宋紹興進士。累官提點刑獄。

棧潛

棧。音僝。字彥皇。任城人。魏歷縣令。嘗督守鄴城。文帝爲太子。田獵無度。潛諫曰。都城禁衛。用戒不虞。若以一日從禽之娛。而亾無窮之釁。臣竊惑之。明帝時。衆役竝興。戚

屬疏斥潛上疏曰陛下纂承洪緒宜崇晏
安與民休息親親顯用則安危同憂深根
固本永保無極後爲燕中尉辭疾不就見
應璩書林

綏邵

三國志綏邵爲殄虜都尉明于周易帳前
議事能預測鄧艾之亾

莞蘇

周共王有疾。召令尹曰。莞蘇常忠我以道。正我以義。我與之處。不安也。不見不思也。雖然。吾有得也。申侯。吾所樂者。凡吾所好。先意迎之。吾與之處。常安也。然而當亟遣之。令尹曰。諾。明日王薨。令尹逐申侯。拜莞蘇爲上卿。

產麟

瑞昌人。永樂中兵部主事。國語注云。彭城有產氏。

勉昂

漢上郡太守。見風俗通。

扁鵲

國策。扁鵲見秦武王。武王示之病。扁鵲請

除左右曰君之病在耳之前目之下除之未必已也將使耳不聽目不明君以告扁鵲扁鵲怒而投其石曰君與知之者謀之而與不知者敗之以此知秦國之政也則君一舉而國亾矣又王海扁鵲兄弟三人伯兄視色名不出家仲兄視毫毛名不出里閈扁鵲所至砭人血脈投人毒藥名聞

於諸侯。

兖公序

宋朝登第。又兖堯叟。紹興中嘉興學士。

典韋

漢典韋陳留人。形貌魁傑。從曹操討呂布於濮陽。韋手持戟大呼。所抵無不應手倒者。布衆退。拜韋都尉。其後張繡反。襲操營。

韋戰殘

淺臯

漢人見印藪

雋不疑

字曼倩渤海人治春秋武帝末以暴勝之表薦徵拜青州刺史昭帝時擢京兆尹每行縣錄囚奉母命輒復平反不事慘刻大

司馬霍光欲以女妻之不疑固辭不肯當久之以病免終於家京師紀之

善友

唐人爲鷹坊使莊宗中流矢善友扶之而下又宋有善辰慶元中進士南充人

蹇叔

左傳蹇叔秦大夫杞子自鄭告於秦曰鄭

人使我掌北門之管若潛師來國可得也
蹇諫曰師勞力竭遠主備之公曰爾何知
中壽爾墓木拱矣蹇乃哭送孟明曰吾見
師之出不見其入也秦師果敗於殽公迎
師曰孤違蹇叔以辱二三子孤之辠也」
國朝有蹇義初名瑢　高帝顧公問曰汝
豈蹇叔後乎即書義字賜公易名公孝友

質實和厚簡靜處人有量未嘗一語傷物

歷事六朝凡五十年位至少師謚忠定貴

而能謙富而能約凡　御前所言未嘗退

以語人在吏部不苛不縱有大臣匡翼之

功

烏朙

眞源賦伏羲命烏朙建方滸竅木絶港道

下五七〇四七、五四周

以濟不通。奠八方。旌九位而分九土。時爲六佐之一。

蓼崇業

唐太原人。右羽林將軍晉陽公。

矯庸

魯人受易於馯臂。又漢有矯慎。字仲彥。少學黃老。仰慕松喬導引之術。與馬融蘇章

鄉里竝時融以才博顯名章以廉直見稱

然皆首推愼焉

皎公羡

晉交州將今湖廣竹溪縣有皎氏

紹績昧

韓非子紹績昧醉寐而亾其裘宋君曰醉

足以亾裘乎對曰桀以醉亾天下而康誥

丁三九〇三四〇三五 吴

曰母彝酒。彝酒。常酒也。常酒者。天子失天下。匹夫失其身。

犀賈

趙大夫。

繞朝

秦大夫。晉大夫士會奔秦。晉人忌秦用士會。乃使魏壽餘僞降秦以誘士會。秦使士

會繞朝諫不聽會行朝贈之以策曰子無謂秦無人吾謀適不用也

佼彊

漢山陽人自號橫行將軍後歸光武

保脊

本朝通州人弘治中知曲江縣鋤奸恤苦淸介自持常題詩後堂曰不似神仙會煉

姓觿　卷六　十

一五九〇五一廿二　吳

丹無緣措置惠貪殘毫釐百姓心頭肉爲汝抽刀總是難去任民垂泣送之

卯疏

周畤學道得仙今雲南有卯姓

老古

晉文公逐麋而失之問農夫老古曰吾麋何在老古以足指曰如是往文公曰寡人

問子子以足指何也老古振衣而起曰臣不意吾君乃至此臣聞虎豹之居也厭閒而近人故獺之魚鼈之居也厭深而居淺故漁之諸侯厭衆而亡其國詩云維鵲有巢維鳩居之君放不歸人將居之于是文公載老古以歸按左傳有老佐又有老佐盧亦宋臣

鳥璞

恒曲人弘治舉人

葆申

呂覽荆文王得茹黄之狗宛路之矰以畋於雲夢三月不反得丹之姬淫朞年不聽朝葆申排闥而極諫曰王之辠當笞王曰不穀免衣襁褓而齒於諸侯願請變更而

無筈蓧申曰臣承先王之命不敢廢也王不受筈是廢先王之令也臣寧抵辠於王毋抵辠於先王王曰敬諾引席王伏蓧申束細荊五十跪而加之於背如是者再乃趣出自流於淵請以來辠文王曰此不穀之過也蓧申何辠王乃變更召蓧申殺茹黃之狗析宛路之矰放丹之姬後荊國兼

國三十九令荆國廣大至於此者蓨申之力也後　國朝有蓨光先正德中訓導

草王橋

漢人見印藪

抱嶷

石塘人居於直谷自言其姓杷董卓時懼誅遂易氏父睹生逃獨與其母沒入掖廷

遂爲宦人小心愼密累遷中常侍賜爵安定公

藻重

南北朝藻重西昌人鄯州刺史

皓進

吳越春秋越大夫皓進告勾踐曰一心齊志上與等之下不違令動從君命修德履

義守信溫故臨非決疑君誤臣諫直心不撓舉過列平臣之事也

棗祗

三國魏人爲陳留太守時歲旱軍食不足募民屯田以實倉廩軍國以饒見文選又棗據晉人爲山陰令政有異績遷尚書左丞

浩賞

漢清州刺史唐浩聿。隰州刺史子虛舟。

寶篆

宋慶元人。皇祐中進士。又寶晉。元人。泰定初修遼、金、宋三史、考績居最。遷中書省檢校官。

杲元啓

元詩人。

我子

六國時人好著書名我子見風俗通劉向別錄云爲墨子之學。

可中止

唐諫議大夫宋有可懋遂寧人紹興進士。

鎖政

宋鎻政。遂寧人。政和進士。國朝有鎻佳。洪武中臨湘知縣。忠州人。

埜佑

固安人。正統間南昌千戶。

把康

漢把康。避董卓亂。改爲把氏。

且謹修

宋元祐中有且謹修。知德化縣事。

也伯先

懷寧人。洪武初訓導。

冶區夫

左傳。冶區夫。魯人。魯昭公十三年春。叔弓圍費。弗克敗焉。平子怒。令見費人執之以爲囚俘。冶區夫曰。非也。若見費人、寒者衣

之饑者食之爲之令主而供其乏困費來

如歸南氏怨矣民將叛之誰與居邑若憚

以威懼之以怒民疾而叛爲之聚也若諸

侯皆然平子從之費人叛南氏

捨敬

捨敬字敬先洪武中江陰稅課大使

假倉

漢假倉陳留人。成帝時習經學。以謁者備論石渠。由是小夏侯有張鄭秦假李氏之學。

閻和

永寧人。永樂二十一年舉人。任訓導。閻上聲。馬字韻。

養奮

東漢人。和帝時以布衣舉賢良方正。博通古籍。爲一時名儒。

敞屠洛

功臣表。敞屠洛以匈奴符離王降。封湘成侯。千八百戶。

黨叔

左傳。范獻子來聘。拜城杞也。公享之。展莊叔執幣。射者三耦。公臣不足。取于家臣。家臣展瑕展王父爲一耦。公臣公巫召伯仲顏莊叔爲一耦。鄫鼓父黨叔爲一耦。注言公室卑微。公臣不能備三耦也。

廣嵩

六安人。洪武中舉楷書。任中書。

掌禹錫

宋文鑑掌禹錫字唐卿郾城人歷官工部右侍郎禹錫博學多記嘗預修皇祐方域國志地理新書及校正類篇神農本草又著郡國手鑒周易集解

賞慶

晉人註周易姓纂云吳中八族有賞姓

党進

馬邑人宋開寳中從征太原以功歷官節度使進形貌魁岸每擐甲胄毛髪皆竪宋制掌禁兵者悉書其數於梃上記焉太祖問進所掌幾何進不識惟舉梃以示曰盡在是矣上以其朴忠益重之

仉氏

姓苑孟母仉氏仉啓之後元和姓纂孟子

三歲而激公宜卒。激公字。宜名。

党耐虎

姚秦將軍。又党金毘。僕固懷恩下將。

曩秉彝

蒙古人。寓居澧州。受學于瞿丙中。湖廣鄉

試第一。舉進士。歷官河南參政。

莽通

功臣表莽通以侍郎發兵擊反者如侯封重合侯一云莽何羅封重合侯

蕩意諸

左傳司城蕩卒公孫壽辭司城請使意諸爲之蕩意諸曰盍適諸侯公曰不能其大夫至於君祖母以及國人諸侯誰納我且既爲人君而又爲人臣不如死盡以其寶

賜左右而使行夫人使謂司城去公對曰
臣之而逃其難若後君何冬十一月甲寅
宋昭公將田孟諸未至夫人王姬使帥甸
攻而殺之蕩意諸效節而死」又漢有蕩疑
古今人物表

上纘

字承之號竹齋以宋內侍佩金虎符一曰

辭入道。改名正眞。又 國朝有上泰。字志
同。景泰間進士。歷官廣東參政。

猛足

國語。驪姬生奚齊。其姊生卓子。公將黜太
子申生而立奚齊。猛足乃言於太子曰。伯
氏不出。奚齊在廟。子盍圖乎。太子曰。吾聞
之羊舌大夫曰。事君以敬。事父以孝。受命

不遷爲敬敬順所安爲孝棄命不敬作令不孝又何圖焉且夫問父之愛而嘉其況有不忠焉廢人以自成有不貞焉孝敬忠貞君父之所安也棄安而圖遠於孝矣吾其止也

潁容

東漢人字子嚴博學多通善春秋累徵不

起著春秋條例五萬餘言杜預云後有頡子嚴亦復名家

永石公

漢人見列仙傳

冷世光

字賓王紹興進士爲殿中侍御彈劾不避貴戚人謂之冷面御史有奏議彈章二卷

東堂類藁二十卷。刀筆五卷。第世修。同科進士。有詩文十卷。詞科類要十卷。

邴漢

爲漢中大夫。王莽秉政。即乞歸。賜策書束帛遣之。猶子曼容。爲官不過六百石。亦引去。

幸元龍

晉人幸靈之後字震甫高安人宋嘉泰初進士通判郢州上書雪濟邸之寃攻時相史彌遠之惡言甚痛切又與彌遠書救魏了翁眞德秀洪咨夔胡夢昱竟忤彌遠遭劾屏廢而卒號松垣所著有松垣集嘗以詩援任濤例求免稅丁太守判云松垣筆力破滄溟援引任濤免稅丁一段風流好

公案、錦江、重寫、入圖經。

符不意

漢人。見印藪。

景毅

蜀郡人。靈帝時。李膺坐鈎黨。詔獄考竟。門生故吏。並被禁錮。毅子頊爲膺門徒。未及錄。毅慨然曰。本爲膺賢。遣子師之。豈可

漏名苟安遂自表免歸時人義之

秉寬

漢人見氏族志

渻竈

左傳襄公三十一年工僂灑渻竈孔虺賈寅出奔莒閭丘嬰之黨也子尾殺閭丘嬰四人遂出奔

井丹

漢書。井丹字大春。通五經。善談論。京師爲之語曰。五經紛綸井大春。性矜高。未嘗投刺候人。建武末。沛王輔等五王居北宮。爭致之。不肯就。信陽侯陰就以外戚貴盛。乃詭説五王求錢千萬約致丹。而別使人要刧之。丹不得已而至。既至就故爲設麥飯蔥菜之食丹推去之曰以君侯能供甘旨故來相過何其薄乎更致盛饌乃食及就左右進輦丹笑曰吾聞桀駕人車豈此耶一坐皆失色就不得已令去輦丹自是隱閉不關人事以壽終」 國朝有井田字九疇永樂間任戶兵刑三科封章日上子源字永清爲駙馬都尉卒於土木天順初追

封鉅鹿侯。

　渟寅遜

五代人。

　靖君亮

文中子門人。靖國君後。與格輔元等號陳畱八俊。又靖安民。仕金爲中都路元帥。累立戰功。後元兵圍山寨。寨長以老幼出降。

安民獨抗節死守卒贈金紫光祿大夫。

冉澧

宋人兵馬知監死于金難。

冼勁

冼音省又音線晉時南海人家本武帥至勁讀書尚節操爲廣州參軍海寇盧循攻城被執循欲釋之勁叱曰賊奴乃欲凌國

士。耶。遂。遇害。贈始興太守。謚忠義。

守恭

見姓纂。蘇長公在惠州。引爲詩酒友。

酒好德

周官酒正。因官命氏。 國朝有酒好德。乳源人。洪熙中任陝西神木衞經歷。

酉牧

魏書陳留人。

丑閭

丑閭元人至正中知安陸府。蘄州曹法興陷安陸。丑閭被執。不屈。賊義而釋之。丑閭歸。知事不濟。謂妻侯氏曰。我當死國。汝則何如。妻曰。願生死共之。夫婦即對縊而死。賊具衣棺。葬於城南新市。

醜長

漢人。見袁紹傳。

丯盇

宋長寧州人。嘉祐初。夷人謀內寇。盇先以其事來告。淯井監。引兵趨之。捕斬七十餘級。鈐轄司上聞。詔賜錢三十萬。錦袍銀帶。擢爲本州刺史。

首得仁

長沙人。弘治間汀州府推官。

偶桓

字武孟。崑山人。能詩。少嘗接楊維禎倪瓚。謂其詩有超乘挽轠之力。洪武中。以薦爲崇安從事。所著有江雨軒集。鳳臺吟嘯集。

壽秉彝

漢州人。弘治中龍南縣丞。

九嘉

唐人。歷知富平高陵二縣。高祖以爲純臣。入爲翰林供奉。歿於癸巳之難。又唐人有九希采。爲戎州太守。有輿地紀勝。

鈄滔

鈄音偷上聲。宋鈄滔爲處州刺史。令臨海

有此姓。

口祿

河州人。弘治中宣府通判。

苟晞

晉人。字道將。東海王越討汲桑。晞爲先鋒。破羣盜。威名甚盛。時人以議韓白。進位都督青兗諸軍事。從母子犯法。晞斬之。旣而

素服流涕曰殺卿者兗州刺史哭弟者荀道將卒封東平侯　國朝有荀惠荀溥俱歿於藍鄢之難

厔文

漢人見印藪

有若

字子有魯人荀子曰有子惡臥而焠掌齊

竟陵王頌曰有子剌掌脩名立

徇未央

漢人見印藪

厚瘠

左傳襄公使厚成叔弔於衞曰寡君使瘠聞君不撫社稷而越在他境若之何不弔以同盟之故使瘠敢私於執事瘠成叔名

後改厚爲郞氏。

審忠

漢議郎上書請誅王甫曹節。又三國審配字正南，袁紹牧冀州，以配爲别駕，并總幕府事。忠烈之風，凜不可犯。一日操得之，欲逼之降。配曰：吾生爲袁氏臣，死爲袁氏鬼，可速斬我。操怒，趣吏捽出。臨刑，配叱退刃

者曰吾主在北不可使吾面南而死乃向北坐引頸就戮

品嵒

成化間鎮海衛千戶

橄大經

字守道廣宗人少聰頴日記數千言家貧遊學於崔尚寶家未幾以書還之曰我已

得其槪矣。平生著述甚多。皆勸人以聖賢爲準。正德丁卯鄉試第七人。年三十卒。士夫多悼惜之。

坎輝

南和人。正統中福寧州倉官。英賢傳云。宋附庸有坎氏。

冉孺

人知冉雍冉耕冉求。居聖門德行政事之科。不知冉孺冉季。亦孔子弟子。一勤學好問。一力於講道。皆一時之選也。

染閔

石勒將染閔。又五代時有染干。

笞如心

字子推。三原人。讀書務尋宗旨。厭科舉之

學、慨、然、有、求、道、之、志。嘗衣冠危坐。斂心飭身。言動應酬。悉本道義。年二十九而卒。人咸惜之。所著、有、敬、齋、集。又有晉萬壽。爲、宋、名、將。

兔乙

漢兔乙爲上郡太守。

檢其

漢人。句章尉。

陝茂

天順甲申。⿱彡且茂舉進士。　英宗不識其字。李文達言音與陝字同。御筆遂改爲陝湖廣人。

剡次雲

蜀人。見宋史趙逵傳。

閃靄

永昌人。永樂中。任永州通判。

匽䌛

漢匽䌛生女、爲桓帝母。追贈博陵皇后。

減宣

漢司隸校尉。時有上書告張湯與吏嘗謁居謀變事。下減宣案治。宣與湯有郤。窮究其事。凡治獄以微文深詆。殺者甚衆。稱爲敢決疑。數起數廢。爲御史及中丞者幾二十年。

奇姓通卷六終

奇姓通卷七 去聲上

種首　鳳綱

用羽之　瘺無忌

重異　甕蕙

湅泰　夢仲才

被瞻　翠鴛鷟

利甲　懿横

冀元亨　刺正甫

智浹　地典

豎豔　騎劫

帥子連　巳茂

駟先生　字長孺

次公　貳塵

摯恂　肆敏

祕彭祖　意秀

戲志才　媿年

義太初　異牟尋

示容　類犴反

自當　貴遷

尉繚　未央

旣良　鑢金

據成　慮癸

署奎　庶秀

譽粹　絜舜

御刀　慕子長

兎譚　度轂

具瑗　露睹父

諭歸　務光

孺悲　柱厲叔

戌盈孫　鈲巴

付吉　鑄氏

劑貌辨　附得意

固來　藝元

布興　絢紡

世碩　銃管

喬款 昃横

桂萬榮 稅新

敝無存 蔕煇

刈懷 閉曾

洩堵寇 濟火

脊道元 蒯子訓

隸首 隸桼

厲玄
太余

會栩
祓諷

對若芳
貝羽

鄅士隆
奈亨

顒元
大款

襶佗
賴仙芝

敗崇美
蒯徹

賣廷傑　祭癸

邁文麟　費尚

噲鵠　拜降

介象　怪義

炔欽　貸子相

代舉　能意

愛薛　内宜之

載君用　佴湛

進僉　釁夏

韻鼇　晉馮

奇姓通卷七 去聲上

江陰夏樹芳茂卿輯
華亭陳繼儒仲醇校

種首

史記齊威王四臣之一吾臣有種首者使備盜賊則道不拾遺

鳳綱

丹鉛錄。鳳綱。古仙人。壽倍彭祖。

用羽之

風俗通云。古用國。見毛詩。在高唐。乃用地。

故有用姓名。士錄有用羽之。

瘺無忌

并州集。周穆王盛姬早卒。穆王哀瘺不已。

加禮葬之。改其族曰瘺氏。周有瘺無忌見

急就章。

重異

南北朝重異。大彤渠帥。將兵二十萬與張步戰。重傳容切。

甕蕙

字季芳。安肅人。嘉靖丙辰進士。官懷慶知府。

凍泰

睢州人。正統間知利津縣。廉明仁恕、振士、風、革吏弊、百姓懷服、至今稱之。

夢仲才

宋萬安人。紹定進士。

祓瞻

呂覽。晉公子重耳自蒲奔翟。之鄭。鄭文公

不禮焉。被瞻諫曰。臣聞賢主不窮窮。今晉公子之從者。皆賢者也。君不禮也。不如殺之。鄭君不聽。去鄭之荆。荆成王慢焉。去荆之秦。秦穆公入之晉。既定。興師攻鄭。求被瞻。被瞻謂鄭君曰。不若以臣與之。鄭君曰。此孤之過也。被瞻曰。殺臣以免國。臣願之。被瞻入晉軍。文公將烹之。被瞻據鑊大呼

曰三軍之士皆聽瞻也自今以來無有忠於其君忠於其君者將烹文公謝焉罷師歸之於鄭

翠鴛鴦

翠氏楚景翠之後也避入關播遷懷土逃匿改姓爲翠鴛鴦取匹鳥爲名

利甲

上猶人。項羽將利幾之後。又宋有利申。元豐間游學江都。有廣陵集。郭勁序之。以爲其放得於李白。其易得於樂天。其謇得於聱叟。其嚴得於昌黎。蓋一時文人之雋也。

懿横

秦懿公之後。南北朝爲吏部郎。

冀元亨

字惟乾。武陵人。正德丙子鄉薦。幼有志操。動以古人自期。爲學務探本源。不爲口耳之學。嘗從王守仁遊。甚加器重。守仁擒逆濠。爲人中傷。嫁禍於亨。詔繫獄。守仁力鳴其寃。會 肅皇帝登極。 詔釋之。先五日遘疾卒於獄。嘉靖乙丑。常武建陽明書院。以元亨配享。

剌正甫

姓苑唐剌正甫撰姑蘇水利志十卷

智浹

宋智浹汾州人通春秋左傳好直言岳飛以賓客待之飛初下吏浹上書鳴其寃流袁州

地典

黄帝七輔地典受州絡出陶淵明聖賢羣輔錄

暨豔

三國暨豔字子休吳郡人為選曹尚書性狷厲好持淸議時郎曹混濫多非其人豔臧否區別賢愚異貫

騎切

燕人代樂毅爲將

帥子連

漢人形貌魁奇膂力邁衆獨往魏夫人觀三十年寂無黔爨宋興國中盛夏尸解有僧紹能於關右見之

巳茂

漢太常卿

駟先生

齊人。淮陽憲王母舅張博遺王書曰。聞齊有駟先生者。善爲司馬兵法。方今邊疆弗靖。天下騷動。非此人莫能安之。左傳有駟赤。

字長孺

漢人。見印藪。又宋有字謣。廉州推官。

次公

功臣表。次公以匈奴歸義王降封瞭侯」宋

有次膺。萊州人。幼孤。從母依外氏王聖美

於丹徒。力學善詩文。孝宗朝。累官御史中

丞。立朝謇諤。仕宦五十年。無絲毫挂吏議。

貳塵

後魏平陽太守。

摯恂

漢摯恂永初中以儒術教授隱於南山名重關西馬融從之游學恂以女妻之又摯虞字仲能長安人撰文帝志四卷族姓昭穆十卷

肆敏

漢時爲漢陽太守宋大夫肆臣之後見風

俗通。

祕彭祖

功臣表。高后時。以卒從起沛。以卒開沛城門。爲太公僕。以中廐令擊陳豨。有功。封戴敬侯。

意秀

歐寧人。成化中河間府獻縣訓導。

戲志才

曹操問謀畫士於荀彧。郭嘉。鍾繇。陳羣。戲志才諸賢。時以爲知人。又戲露薄見潛夫論。

媿牟

漢媿牟著同異堅白之論。

義太初

宋義太初字仲遠少以詞賦名尋舍去宗濂溪之學楊誠齋朱晦菴趙端明皆與之游號氷壺有氷壺詩十卷易集註五卷文集二十卷又漢書酷吏傳有義縱居官以鷹擊毛摯爲治

異牟尋

唐異牟尋蒙伽異之子自閣羅鳳叛至異

年壽有智略。善撫衆。遂收之。從鄭回之說。後歸唐。冊封南詔王。按姓譜。白水蠻有此姓。

示容

本朝有示容。宣德中舉賢良。

類犴反

雎陽人有辱其父而雎陽太守俱出。犴反

殺其仇車上又上變告梁平王見梁世家

自當

元英宗時監察御史錄囚大興縣有以冤事繫獄者其人嘗見有橐蛇死道傍因舁至其家醢之置數甕中會官橐蛇被盜捕索甚急乃執而勘之其人自誣服自當審其獄情疑爲冤即以上御史臺臺臣以爲

贓既具。是時御史畏殺人耳。不聽。改委他御史讞之。竟處死。後數日。遼陽行省以舊盜聞。寃始白。人以是服其明。

貫遷

漢廬江太守。

尉繚

漢書。尉繚著書二十九篇。師古曰。尉姓。繚

名劉向別錄云續爲商君之學

未央

漢人知天文見李淳風乙巳占

旣良

漢南安長史

鑢金

楚大夫左傳鑢金初官於子期氏實與隨

人要言王使見辭曰不敢以約為利王割予期之心以與隨人盟

據成

王田人宣德中漏刻博士

慮癸

左傳南蒯之將叛也盟費人其家臣老祁慮癸偽廢疾使請於南蒯曰臣願受盟而

疾與若以君靈不死請待間而盟許之後南蒯奔齊二人遂逐蒯而歸費

署奎

漢人見印藪

庶秀

周公之師見潛夫論又漢有庶羈遂見急就章

譽粹

晋人。爲平原太守。 國朝宣德中有譽哲。

絜舜

漢捕賊掾有絜舜。張、敞、怒、絜有五、日、京、兆、之、言、枉、殺。敞、以、此、免、官、

御刀

南齊人與。梅、蟲、兒、等、時、稱、八、要。又曾大夫

御孫諫昭公刻桷又漢有御長倩公孫弘
故人

慕子長
湘陰人弘治中湘江訓導

兎譚
漢人見印藪

度轂

韓非子顔回朙仁於度轂程嬰顯義於趙

武度轂蓋人名也又漢有山陽人度尚字

博平爲上虞長明於發奸摘伏吏人謂之

神朙以討賊功進遼東太守封右鄉侯

具瑗

東漢宦官元城人以預誅梁冀有功封東

武陽侯

露睹父

魯大夫國語公父文伯飲南宮敬叔酒以露睹父爲客羞鼈焉小睹父怒相延食鼈辭曰將使鼈長而後食之遂出文伯之母聞之怒曰吾聞之先子曰祭養尸饗養上賓鼈於何有而使夫人怒也遂逐之五日魯大夫辭而復之又漢有上黨都尉露平

諭歸

晉曲阜令撰西河記

務光

呂氏春秋湯以天下讓於務光曰智者謀之武者遂之仁者居之吾有天下請以相子光辭曰廢上非義也殺人非仁也人犯其難我享其利非廉也吾聞非義不受其

祿。無道之世不踐其位況。於尊我。我不忍

見也。遂負石自沈於蓼水。

孺悲

禮雜記篇。恤由之喪。哀公使孺悲學士喪

禮於孔子。士喪禮於是乎書。

柱厲叔

呂覽。柱厲叔事莒敖公。自以爲不知而去。

居於海上夏日則食菱芡冬日則食橡栗莒敖公有難柱厲叔辭其友而往死之其友曰子自以爲不知故去今又往死之是知與不知無異別也柱厲叔曰不然自以爲不知故去今死而弗往死是果知我也吾將死之以醜後世人主之不知其臣者也

戌盈孫

唐河陽令。

瓠巴

善鼓琴。六。馬。仰。秣。游。魚。出。聽。

付吉

永樂中監察御史。剛、直、有、爲。陞陝西按察

副使。

鑄氏

左傳。臧宣叔娶鑄氏。

劑貌辯

呂氏春秋。靜郭君。田嬰也。孟嘗君田文之父。爲薛君。號曰靜郭君。靜郭君善劑貌辯。劑貌辯之爲人也多訾。門人弗悅。士尉以證靜郭君。靜郭君弗聽。士尉辭而去。孟嘗君竊以諫靜郭君靜郭君大怒曰剗而類揆吾家苟可以慊劑貌辯者吾無辭爲也於是舍之上舍令長子御朝暮進食數年威王薨宣王立靜郭君之交大不善於宣王辭而之薛與劑貌辯俱留無幾何劑貌辯辭而行請見宣王靜郭君曰王之不悅嬰也甚公往必得死焉劑貌辯曰固非求

生也請必行靜郭君不能止劑貌辯行至於齊宣王聞之藏怒以待之劑貌辯見宣王曰子靜郭君之所聽愛也劑貌辯答曰愛則有之聽則無有王方爲太子之時辯謂靜郭君曰太子之不仁過頤豕視若是者倍反不若革太子更立衛姬嬰兒校師靜郭君泫而曰不可吾弗忍爲也且靜郭

君聽辯而爲之也必無今日之患也此爲一也至於薛昭陽請以數倍之地易薛辯又曰必聽之靜郭君曰受薛於先王雖惡於後王吾獨謂先王何且先王之廟在薛吾豈可以先王之廟予楚乎又不肯聽辯此爲二也宣王太息動於顏色曰靜郭君之於寡人一至此乎寡人少殊不知此客

肯爲寡人少來靜郭君乎劑貌辯答曰敬
諾靜郭君來衣威王之服冠其冠帶其劍
宣王自迎靜郭君於郊望之而泣靜郭君
至因請相之當是時也靜郭君可謂能自
知人矣能自知人故非之弗爲阻此劑貌
辯之所以外生樂趨患難故也

附得意

唐監察御史附得意又附不疑上元人。

固來

晉平公時人。

藝元

元史藝。元寶坻人。始爲黄冠。師事青州把道錄。傳其藝。至元中。凡兩都名刹。塑土範金搏換爲佛像。出元手者。神鬼妙合。百態

生動

布輿

周有布子趙人善相馬又晉有布輿江夏人見陶侃傳

絇紡

宋開封人見氏族志

世碩

周時人。七十子之弟子。著世子二十卷。又臨穎有世家寶。字觀益。讀書、知兵法。洪武中爲刑部尚書。見一統志。

鋭管

晉御史大夫。又鋭敏。爲唐水軍使。

喬款

漢喬款。見古今人表。

炅横

後漢城陽炅横。明帝時人。炅音桂。

桂萬榮

字夢協。慶元二年進士。授餘干尉。邑多豪右。一裁以剛介。時相史彌遠欲招致之。不赴。歷官尚書右丞。國朝有桂彥良。名德。桂文襄。名蕚。皆一時名臣。

稅新

四川人成化進士。

敝無存

左傳齊侯伐晉夷儀。敝無存之父將室之。辭。以與其弟。曰。此役也不死。反必娶於高國。先登。求自門出。死於霤下。齊侯謂夷儀人曰。得敝無存者。以五家免。乃得其尸。公

馬一廿八○卅二、卅九

三襚之。與之犀軒與直蓋而先歸之。坐引

者以師哭之。親推之三。

蒂惲

漢中常侍。王莽時人。

刈懷

五代時宋人。

閑曾

國朝桂州府推官。時平樂府立山里猺獞跳梁。藩臬諸司檄會招撫。向化者萬餘人。咸願輸糧於官。陞永安知州。州又宋有閉復亨。賓州嶺方縣人。文山榜進士。

洩堵冦

左傳。鄭公子士。洩堵冦。師師入滑。

濟火

漢濟火為牂牁帥聞諸葛武侯南征積糧通道以迎武侯大悅遂命為先鋒贊武侯以平西南夷擒孟獲及歸克普里犵狫氏武侯以昭烈命為羅甸王

脊道元

漢脊道元著天公論脊脊音桂

鬻子訓

漢方技傳。建安中人。嘗游洛中。見公卿數十處。皆持斗酒片脯候之。坐上數百人。飲啖終日不盡。去後惟見白雲騰起數十處。後魏正始中。於長安東霸城有見之者。與一老翁摩挲銅人曰。適見鑄此近百歲矣。時呼爲薊先生云。

隷首

疏佐紀黃帝命隸首定數以率其羡以要其會以定律度量衡注云四器生於律律本於數故隋志云隸首作數律之本也

𨽻恭

見左傳

厲玄

唐詩人又　國朝有厲光字伯潛篤學修

行與孫潤齊名贈誠意伯劉公詩曰樞省分龍鉞金圭出虎符春秋誅少卯天地一洪爐月野横秋隼霜城泣曉烏他時誰坐嘯今復見平吳

太侖

漢書太侖著書三十七篇侖古禹字又尚書太顛武王十亂之一又五代時有太相

溫石敬塘將。

會栩

漢武陽令。

祋諷

光祿勲。河南人。鄧隲推進天下賢士祋諷何熙等列於朝。

對若芳

見急就章。

貝羽

漢末爲華容長。見司馬彪戰畧。又 國朝有貝瓊。字廷琚。居殳山。博覽經史。尤工於詩。洪武初徵修元史。所著有淸江文集。

鄖士隆

宋進士。

奈亨

字彥通。香河人。初爲吏。太宗起靖難兵。守北平有功。授修武縣丞。陞吏部文選司主事。正德初遷光祿卿。諂事太監王振。自陳城守功。臣戶部左侍郎。亨爲人有才諝。克舉職務。第素無學術。不修士行。惟阿附權貴。時論薄之。

顧元

顧音類漢顧元爲交州刺史有聲

大款

路史大款爲顓帝之師大山稽爲黃帝之師大撓爲黃帝之臣

帶佗

秦相見過秦論

賴仙芝

紹興間人與東坡友善又有布衣賴文進

善地理注四元天星

敗崇美

五代時爲晉守澤潞州

蒯徹

字通范陽人楚漢時說士武信君嘗用其

策降燕趙三十餘城韓信用其策遂定齊地自序其說號曰雋永凡八十一首

賣廷傑

羅城人嘉靖中福建寧德縣丞

祭癸

漢書祭癸宣帝時以言便宜至弘農太守

劉向別錄云祭癸邯鄲人著祭子一篇又

東漢祭遵字弟孫恭儉好學從光武征河北有功封潁陽侯弟彤爲黃門侍郎居官三十年衣無兼副顯宗美其清約賜錢百萬

邁文麟

慈利人正統中江西參政

賁尚

禮記哀公使人弔蕢尚遇諸道辟於路畫宮而受弔焉曾子曰蕢尚不如杞梁之妻之知禮也又孔子弟子有蕢晴唐白鶴觀道士有蕢雲陶蕢音蒯

噲鵠

周畤孝子鶴銜珠與之又噲參亦見孝子傳

拜降

元慶元路治中。歲大饑。徒步詣行省。力請粟四萬石。路中全活甚衆。

介象

列仙傳。介象字元則。會稽人。通五經百家之言。隂修道法。能隱形變化。有學道者密表奏象於吳主。吳主徵象至武昌。爲象起第宅以居。屢試神仙幻術，往往奇中。一日吳主賜梨一奩，象食之，須臾便死。吳主殯埋之。次日已至建業，以所賜梨付苑吏種之。吏後以表聞。吳主視其棺中，惟一奏版符耳。弟子復見象在蓋竹山中，持白桃花一枝，顏色更少焉。

怪義

春秋元命苞云炎帝之臣曰怪義生白阜圖地形爲神農通水脈使不壅塞

炔欽

炔音桂哀帝時師丹上封事下獄博士炔欽上書言丹經行近世無比被貶秩二等

貸子相

韓詩外傳湯學乎貸子相

代舉

趙人見史記又宋有代淵性簡潔事親孝受學於季畋張逵以太子中允致仕著周易旨要等書自號虛一子

能意

能音耐能意齊宣王直臣見呂覽又有能元皓爲唐名將

愛薛

西域弗林人。通西域諸部語。工星律醫藥諸家。初事金定宗。直言敢諫。世祖嘗詔都城大作佛事。集教坊妓樂。愛薛奏曰。高麗新附。山東初定。江南未下。天下疲弊。此無益之費。甚無謂也。帝嘉納之。

本朝有愛莫助。廣西融縣人。

內宜之
漢之謀士又有內利唯見印藪
載君用
本朝載君用吳邑人父福洪武中因監稅
失火法當死君用代父刑於閶門其妻吳
氏以守節旌
佴湛

佴。母代切。晉山公集有佴湛。

進儉

漢黃門。見後漢書。

釁夏

釁夏。魯宗人。公子荆之母。嬖於哀公。將以爲夫人。使釁夏獻其禮。對曰。無之。公怒曰。汝爲宗司。立夫人國之大禮。何故無之。對曰。周公及武公娶於薛。孝惠娶於商。自桓以下娶於齊。此禮也。以妾爲夫人。則固無其禮也。公卒立之而以荊爲太子。國人始惡之。

韻鰲

清源人。永樂中薦賢書。

晉馮

漢京兆人。好古學道。班固薦於東平王倉。

又唐有晉灼。著漢書集註十三卷。

奇姓通卷七終

奇姓通卷八 去聲下

愼到　印段

問至　員半千

信世昌　奮揚

靳歙　寸居敬

論惟貞　憲義渠

頓弱　建德

蔓成然　艮當

健武　遜揆

鬱良鉞　矔唯

奐忠　按攤

漫智　汙朙

漢德　貫雲石

炭蚓　夔深

堷伯　杆者

灌夫　盱子

獻則　諫忠

線榮　縣成

院亨謙　練定

賤瓊　戰正

䜌秘　硯彌堅

辨武　弁廣朙

便樂成　召平

妙齡　鈞宏

少年唯　淳鹵

豹皮公　敎子欵

孝發　道同

暴昭　造父

到漑　道龍

冒政　播軌

破石　栢稽

怕善　射稽

化煇　夜龍

霸挧　庫鈎

壯馳兹　亢思謙

曠伯達　諒輔

况長寧　浪逢

暢曾　碭魯賜

象武　抗徐

訪式　慶鄭

姓偉　令勉

勝臂　正光

敬播　亘寬

後敏　咎犯

右公弼　鬭穀於菟

后緄　郈成子

授異衆　謬忌

貿充國　豆如意

救乂　漏瑜

壽光　繡君賓

僦貸季　糗宗

富家譔　臼季

啖助　念賢

梵禹餘　氾昭

奇姓通卷八 去聲下

江陰夏樹芳茂卿輯
華亭陳繼儒仲醇校

愼到

韓大夫治刑名之學所撰二十四篇申韓稱之又宋有諫官愼到倉州人上章劾秦

檜

印段

左傳。印段。字子石。鄭大夫。鄭伯享趙孟。子石賦蟋蟀。趙孟曰。善哉保家之士也。

問至

南北朝人。又　本朝有問智。成化進士。

員半千

員。音運。字榮期。齊州全節人。其先世以忠烈自比伍員因自姓員總角通書史舉童子高第唐高宗時官至弘文館學士出刺隸蘄三州以清白稱及卒吏民哀哭野中又宋有員卓著遯甲車征賦一卷

信世昌

字雲甫東平人自號中隱善画山水學於沈士元有出藍之譽參黃華之後又一變

者也。

奮揚

左傳費無極言於楚子曰建與伍奢將以方城之外叛齊晉又交輔之將以害楚王信之問伍奢伍奢對曰君一過多矣何信於讒王執伍奢使城父司馬奮揚殺太子未至而使遣之三月太子建奔宋王召奮

揚奮揚使城父人執巳以至王曰言出於

余口入於爾耳誰告建也對曰臣告之君

王命臣曰事建如事余臣不佞不能苟貳

奉初以還不忍後命故遣之王曰而敢來

何也對曰使而失命召而不來是再奸也

逃無所入王曰歸從政如他日

靳歙

漢元功十八侯。宋有靳裁之。潁昌人。少聞伊洛淵源。時胡瑗在太學。以朱長文靳裁之爲師。

寸居敬

嘉靖四川梓潼知縣。浪穹人。

論惟貞

論瑀。字惟貞。以字行。開元末。爲左武衛右

將軍遷光祿卿李光弼討史朝義以惟貞守徐州號飛龍將

憲義渠

漢長史憲氏之先本爲周之布憲司寇之屬官也其後以爲姓

頓弱

國策頓弱以名實說秦王秦王曰山東之

戰國可兼與頓子曰韓天下之咽喉魏天下之胸腹王資臣萬金而游聽之韓魏入其社稷之臣於秦即韓魏從而天下可圖也秦王曰寡人之國貧恐不能給也頓子曰天下未嘗無事也非從即橫橫成則秦帝從成則楚王秦帝即以天下恭養楚王即王雖有萬金弗得私也秦王曰善乃資

萬金使東遊韓魏。入其將相。北遊燕趙而殺李牧。齊入朝。四國畢從。頓子之說也。又頓起。宋熙寧中爲教授。東坡相往來倡和。坡答詩云。側聞頓夫子。講道出新言。又云。殿廬直宿眞如夢。猶記憂時策萬言。及第時坡爲編修官。

建德

孝景時鼂錯以過削趙常山郡吳楚反合
謀起兵其相建德諫不聽遂燒殺德功臣
表遽侯横父建德以趙相死事子侯

蔓成然

左傳楚靈王出奔縊於申亥之室乙卯夜
棄疾使船人從江上呼曰靈王至矣江人
愈驚又使蔓成然告如初

艮當

漢艮當註樂經。

健武

邯鄲人。宋遺民。金海陵王敗於采石。武聞之。遮殺其歸卒。以待宋師。宋師不至。遇害。見石湖文。

遜揆

唐遜揆爲李克用所執。罵不絕口。克用鋸之。揆曰。狗奴鋸人當以板束。終不爲動。

鄭良鉞

吉州人。正統中湖廣咸寧訓導。

矔唯

漢人。見印藪。

奐忠

歸州人。永樂中任知州。

按攤

海北海南宣慰使。海康與安南占城諸夷接境。海島生黎。叛服不常。按攤威望素著。夷人帖服。生黎王高等二十餘洞。皆願輸貢稅。

漫智

宣德舉人。

汗明

國策汗明見春申君候問三月而後得見。談卒春申君大悅之召門吏爲汗先生著客籍五日一見汗明曰君亦聞驥乎夫驥之齒至矣服鹽車而上太行蹄申膝折尾湛胕潰漉汁灑地白汗交流外阪遷延負棘而不能上伯樂遭之下車攀而哭之解紵衣以羃之驥於是俛而噴仰而鳴聲達於天若出金石聲者何也彼見伯樂之知已也今僕之不肖阨於州部堀穴窮巷沈洿鄙俗之日久矣君獨無意湔祓僕使得爲君高鳴屈於梁乎

漢德

國朝漢德金縣人國子生不就仕絕跡名利孤淸高潔士大夫重之

貫雲石

元畏吾人生而神彩秀異膂力絕人年十二三時健兒驅三惡馬疾馳持槊特立待馬至騰上越一而跨三運槊生風觀者辟易及長折節讀書仁宗朝拜翰林學士既

乃稱疾居江南賣藥錢塘市中自號酸齋時稱樂府歌詞第一

炭蚓

西京雜記有炭蚓又漢有炭蚪長安人

爨深

晉古與太守有爨深碑今在曲靖又漢有爨肅爲河南尹見後漢書又唐有爨歸王

爲南寧都督。

暗伯

元唐兀人弱冠入宿衛性嚴重剛果有大志。

杅者

功臣表杅者以小月氏王將軍衆千騎來降封瓡讘侯師古曰瓡與狐同讘音之涉

反。

灌夫

字仲孺因父死奮曰願取吳王若將軍頭以報父仇遂被甲持戟而往大破吳軍以此名聞天下後爲淮陽太守入爲太僕

聆子

聆見姓苑齊威王使聆子守高唐趙人不

敢東漁於河。

獻則

國策。獻則謂公孫消曰。公。大臣之尊者也。數伐有功。所以不爲相者。太后不善公也。芈戎者。太后之所親也。今亡楚在東周。公何不以秦楚之重資而相之於周乎。楚必便之矣。是芈戎有秦楚之重。太后必悅公

公相必矣

諫忠

漢侍書御史

線榮

元人字子華大德間縣尹時永安寺僧搆豪勢壓鄉民榮在任每挫辱之一日江浙省平章也速答兒因獵至其寺僧譖之遂

使辱榮榮抗辭以對容氣儼如左右皆懾
由是名重於時稱其剛介有古風焉又洪
武中有線雍分水知縣
縣成
魯人孔子弟子又周有縣子石墨子弟子
又漢有縣芝甘陵相
院亨謙

古田人。元祐間知德化縣。又　國朝有院賓。字君聘。山西振武衛人。弘治進士。歷官參議。

練定

宋練定字公權。嘉祐中進士。以抗直忤宰相呂惠卿。蹭蹬不得志。有青丘集二十卷遺世。」　國朝練子寧。名安。以字行。江西新涂人洪武乙丑會試第一廷試第二建文初爲御史大夫靖難師起子寧執李景隆於朝數其奸邪不忠請速誅之不聽憤激大呼曰賣陛下者必此賊臣備員執法不能擢奸請先伏誅不懌遂罷朝　文皇即位縛子寧至語不遜斷其舌曰吾欲效周公輔成王耳子寧手探舌血大書地上成

王安在遂族其家姻黨坐戍邊者五十一人所著有金川玉屑集正德中李夢陽刻之行世

戩瓊

漢北平太守

戰正

本朝戰正字德義高密人父恩沒於大寧

正親抵大寧尋父骨至則徧訪弗獲仰天號泣忽一老人來告其處正求之果得遂破中指出血滲骨乃收以歸後中鄉舉未仕而卒又宋有戰德淳善画山水人物甚小青衫白馬烏巾黄履不遺毫髮又作紅花綠柳清江碧岫咫尺之間遙蕩千里見画繼。

繇秘

音戀。漢南郡太守。

硯彌堅

元文類硯彌堅應城人至元中召拜國子司業慶以陽城忠孝之說訓迪諸生歲餘以疾辭歸問學淳正爲人淸苦嚴重士論尊之。

辨武

漢辨武淮南名士

弁廣明

劉曜太史有弁廣明弁一作郱呂氏攷古圖有郱敦銘云王命於宣榭呼太史策命郱注宣榭宣王之廟

便樂成

功臣表便樂成以少府與大將軍光定策功封爰氏肅侯

召平

史記世家召平爲齊相與東陵侯召平又一人也功臣表平子奴以父功封黎侯

妙齡

河州衞指揮弘治辛酉領兵固原殺賊戰

⿱卜欠又宋有妙顧眞南陽人善画暈澹有巧致山谷嘗跋之見圖繪寶鑑

鈞宏

眉州人宋紹興中進士

少年唯

漢下邽令

淳齒

楚人燕伐齊楚使將兵救齊齊立爲相淖
齒欲與燕分齊乃數齊湣王三辠擢湣王
之筋懸於廟梁宿昔而死又漢有披香博
士淖方成淖音鬧

豹皮公

魏騎將三國時人

教子欵

國策魏因富丁且合於秦趙恐請效地於魏而聽薛公教子效謂李兌曰趙畏横之合也故欲效地於魏而聽薛公公不如令主父以地資周最而請相之於魏周最以天下厚秦者也今相魏魏秦必虚矣齊魏雖勁無秦不能傷趙魏王聽是輕齊也秦魏雖勁無齊不能得趙此利於趙而便於

周最也

孝發

宋靖州知州。國朝有孝廉。弘治中雞澤

縣丞。

道同

一統志。洪武中番禺知縣。性廉潔。視民如

子。時永嘉侯朱亮祖城廣東。縣民羅氏者

納女於亮祖兄弟因怙勢凌人同按法治之亮祖竟奪去復以他事笞同同遂歷數其事奏之疏未至亮祖亦誣同抗訕先聞
上不知其由先命使取同首級適同奏亦至 上以其職卑而直言大臣有骨梗風特遣使宥之竟坐亮祖辠而同巳先死矣邑民甚悼惜之

暴昭

潞州人性耿介有峻操洪武中爲大理寺少卿讞獄平允居恒蔴履布袍不改其素及爲兵部尚書值靖難師起義形於色誓以死殉之尋被夷族宣德中侍郎王士嘉弔其墓稱爲古之遺直云

造父

姓苑：造父，顓帝之後，周穆王時以功封趙城。

到溉

南史：到溉字茂灌，與兄沼、弟洽俱知名。梁武帝最所親愛，累官兵部尚書。時任昉爲御史中丞，又有彭城劉孝標、劉苞、劉孺，吳郡陸倕、張率，沛國劉顯與溉交，號曰蘭臺

聚有集二十卷時以漑洽方之二陸云

導龍

南北朝導龍爲華州刺史時伏德與梁景獻反關中龍討平之

冒政

字有恒泰州人　武宗朝官都御史巡撫寧夏劉瑾陷之逮繫瑾誅復其官

播軌

姓譜播軌殷之賢人

破石

倉公列傳齊中郎破石病淳于意診其脈曰肺傷不治當後十日丁亥溲血死即後十一日溲血而死破石之病得之墮馬僵石上所以不中期死者師言曰病者安穀

卽過期不安穀卽不及期其人嗜黍黍主肺所以過期所以溲血者診脈法曰病喜養陰處者順死喜養陽處者逆死其人喜自靜不躁又久坐伏几而寐故血下泄

栢稽

越大夫同范蠡行成於吳又漢有栢溫舒爲閬中刺史

怕善

唐怕善以布衣策干韓愈愈轉薦裴度用說法擒吳元濟宋有怕籛明經爲國子博士

射稽

韓非子宋王築武宮謳癸倡行者止觀築者不倦王聞召而賜之對曰臣師射稽之

謳。又賢於癸。王召射稽使之謳。行者不止。築者知倦。王曰。其謳不勝如癸美何也。對曰。王試度其功。癸四板。射稽八板。擿其堅。癸五寸。射稽二寸。又漢有射登。爲蜀郡太守。

化輝

普安人。宣德中寧遠知縣。

夜龍

靈帝光和中，雒陽男子夜龍以弓箭射北闕，見五行志。國朝有夜珠，正德間任光祿寺丞。

霸栩

見益州耆舊傳。

庫鈞

漢書音義曰。庫姓。即倉庫吏之後也。今羌中有此姓。厙音舍。乃鈞之後。竇融累世在河西。知其土俗。爲張掖屬國都尉。是時金城太守庫鈞等五人。並州郡英俊。融皆與厚善。乃推融行河西五郡大將軍事。五郡民俗質樸。而鈞等政亦寬和。上下相親。晏然富殖。修兵馬。習戰射。明烽火之警。光武卽位。融等歸誠。下詔封融爲安封侯。庫鈞爲輔義侯。

壯馳茲

晉大夫吳人。趙簡問賢人。得壯馳茲。

亢思謙

字子益。山西臨汾人。嘉靖丁未進士。改庶吉士。歷官左布政。又宋有亢軫。

曠伯達

國初詩人。

諒輔

漢洛陽令。大旱禱雨。乞以身自焚。須臾雲合雨澍。一郡沾洽。

况長寧

諸葛恪傳云。况長寧庶幾君子臨事而懼。

好謀而成蜀爲蕞爾之國所規所圖惟守與戰。

浪逢

晉書永嘉中張平保青州爲其下浪逢所殺。

暢曾

唐暢曾撰水德經一卷暢當亦唐詩人貞

元中爲太常博士。又宋暢大隱。字潛道。洛陽人。師程氏。令程氏遺書二十五卷。即其所記也。

碭魯賜

漢東海太守申公弟子。

象武

韓非子。李斯上秦皇書。令象武發東郡之

卒闕兵於境上。

抗徐

字伯徐。丹陽人。鄉邦稱其膽智。初試守宣城長。悉移深林遠藪椎髻鳥語之人置於縣下。由是境內無復盜賊。後爲中郎將。擊太山賊公孫舉等破平之。斬首三千餘級。封東鄉侯。見漢紀。

訪式

唐訪式字叔矜吳人舉進士有高行名著

雍咸閒訪去聲

慶鄭

左傳秦饑使乞糴於晉晉人弗與慶鄭曰

背施無親幸災不仁貪金不祥怒鄰不義

四德皆失何以守國虢射曰皮之不存毛

將安傳。慶鄭曰。棄信背鄰。患孰恤之。無信患作。失援必斃。君其悔是哉。又漢有慶普。字孝公。同戴德戴聖受禮於孟卿。由是禮有大戴小戴慶氏之學。

姓偉

漢書食貨志。用富賈臨淄姓偉等乘傳求利。交錯天下。偉家業蘊隆。巨貲五千萬。

令勉

漢文時令勉爲車騎將軍擊匈奴屯飛狐以備胡又　國朝令巘字景陽洪武間任監察御史剛正不阿劾去都御史劉觀及各道壞法御史朝政肅然

勝臂

國策勝臂齊人孟嘗君譙坐謂勝臂曰願

聞先生一言以補文闕。勝臂曰。臣願以足下府庫財物收天下士能爲君決疑應卒。若魏文侯之有田子方段干木也。田文於是乎下士兆客三千。蓋勝臂之言啓之矣。

正光

秦人飛刺趙高而焱。又漢武帝時有正錦。獻寶鼎。

敬播

貞觀中遷太子司議郎與令狐德棻等撰晉書房玄齡嘗稱爲陳壽之流以顔師古所著漢書文繁令撰其要爲四十篇又五代史有敬新磨後唐莊宗獵於中牟蹂踐民田中牟令當馬而諫莊宗大怒令叱去斬之伶人敬新磨者率諸伶走追其令擒

下三〇五六、七十

至馬前數而讓之曰汝爲縣令獨不聞天子好田獵乎奈何縱民稼穡以供歲賦何不且饑餓汝民以待天子馳逐也汝辠當死急請行刑諸伶復共唱和於是莊宗大笑赦之

亘寬

漢祖時爲廬江郡丞

後敏

當塗人永樂間進士授行人出使有勞績過衞輝謁比干墓弔以詩云七竅纔剜血未乾赤旗蚤已動崤函憂時方諫心徒切爲國身殲分所甘一死特關宗社重千年還起佞諛慚荒丘古廟朝歌北慨念孤忠幾駐驂陞工部員外郎歷陝西參議爲奸

人所陷死於塗衆皆哀之又五代飛龍使有後贊

咎犯

晉平公好樂敢有諫者死國人憂之有咎犯者乃隱士也諫以五害令近臣不敢諫遠臣獨不得達平公曰善乃屏鐘鼓除竽瑟遂與咎犯參治國

右公弼

漢人見印藪。

鬭穀於菟

楚若敖娶於䢵。生伯比。敖卒。從母畜於䢵。淫於䢵子之女。生子文。䢵夫人使棄之夢中。有虎乳之。䢵子田。遂收之。楚人謂虎爲於菟。謂乳爲穀。故名。楚成王立子文代公子元爲令尹。子文因鬬般之殺子元也，緇布之衣以朝，鹿裘以處，未明而立於朝，日晦而歸，食自毀其家，以紓國難。於時齊桓方霸，楚邦多難，子文量力而動，舍命不渝，治兵於睽，終朝而畢，不戮一人。又天文書：黄帝使鬬苞授規。

后緄

晉人與永和修禊詩不成罰酒三觥

郈成子

左傳郈成子自魯聘晉過於衛右宰穀臣止而觴之陳樂而不作酣畢而送以璧成子不辭僕曰不辭何也成子曰夫止而觴我親我也陳樂不作告我哀也送我以璧記我也由此觀之衛其亂矣行三十里而

聞衛作亂右宰穀臣死之成子於是迎其妻子還其璧隔宅而居之

授異衆

漢丹陽人

謬忌

與李少君同師勸武帝求神仙封禪書亳人謬忌奏祠太一方曰天神貴者太一太

一佐曰五帝。用太牢七日爲壇。開八通之鬼道。於是天子令太祝。立其祠長安東南郊。常奉祠如忌方。

竇充國

字德卿。漢博士。

豆如意

漢豆如意。光武時伐匈奴。封關內侯。又南

北朝。豆代田以戰功封長廣公。

救乂

救乂。漢諫議大夫。乂有救赫。江都人。淮南王從事。

滆瑜

字元瑜。山陰人。正德中貢士。有詩名。

壽光

漢章帝時人。能劾鬼神。令自縛見形。

繡君賓

漢書游俠傳有繡君賓。馬領人。

僦貸季

帝紀。僦貸季。岐伯之師。炎帝命僦貸季理色脈。對察和齊摩踵訦告以利天下而人得以繕其生。素問天師對黃帝云。我於僦

貸季理色脈已二世矣理色脈者移精變
氣色以應日脉以應月

糗宗

糗去久切風俗通漢有糗宗

富家謨

文詞雄邁奇氣鬱勃張說與徐堅論曰富
嘉謨文如孤峯絕崖壁立萬仞濃雲轉興

震雷迅發若施之廊廟則駭矣仕唐爲晉陽尉北京三傑

曰季

晉人薦冀缺於朝文公以爲下軍大夫

啖助

列傳唐啖助趙州人善春秋考三家短長縫綻補闕號集傳凡十年乃成門人趙匡

陸贄其高第也」又符秦將軍啖鐵射中姚萇制勝

念賢

南北朝念賢枹罕人少時游學遇善相者衆共招之賢歎曰男兒死生有命富貴皆在天何用相乎魏永熙間官至都督秦河二州刺史進爵安定郡公

梵禹餘

連江人紹興進士

汜昭

漢汜昭桓靈間人濟北英賢傳與戴所徐晏夏隱劉彬號濟北五龍晉汜衷與索靖等馳名海內人號燉煌五龍又漢汜騰字無忌舉孝廉爲郎中散家散五十萬以施

宗族。柴門、灌園、琴書、自適。氾音帆。又音范。

奇姓通卷八終

奇姓通卷九　入聲上

福順富　禄東贊

夙道遲　澓仲翁

目夷　叔無孫

鞠詠　鄐熈

縮高　甪若謹

腹擊　蝮惟良

復塗禎　鳺冶

麴允　竹夜郎

肅詳　鹿毛壽

木槩　宿進

斛繼善　竺晏

鬻拳　鞠武

速希覺　服虔

瀟河　宓不齊

沐茂　麯崇裕

綠圖　觸龍

曲仲尼　督君謨

蠋沐　逯仁傑

籥滑　續牙

葶收　燭之武

玊况　東晳

睦豫　沃焦

粟舉　駮少伯

嶽思忠　樂喜

角閎　偓佺

濁賢　濯輯

吉頊　一權

密佑　恤由

室昉　幸汀

栗腹　逼復

郅都　漆凱之

悉清　乙普明

[illegible]跌蹠　佚之狐

鬱讓　佛肸

乞力　髮子

蔚昭敏　茀翰胡

越石父　勃鞮

謁渙　物奴

骨儀　忽忠

月彥明　沒未央

笪東光　脫因

禓朙德　　薩琦

制修　　斡道沖

八通　　滑羅

捌忠　　察罕

頡衞　　撒仲謙

奇姓通卷九 入聲上

江陰夏樹芳茂卿輯

華亭陳繼儒仲醇校

福順富

唐武后時。福順富爲嵎夷公。又元有福壽。爲江南行臺御史大夫。本朝兵圍集慶。壽數督兵出戰。城破。百司皆奔潰。或勸之

去曰吾爲國家重臣城存則生城破則死尚安往哉遂遇害 太祖嘉其節 予祠爲春秋祭

禄東贊

漢涇陽人又 國朝有禄存武涉人永樂舉人

夙道暹

字志彰。松溪人。素以好義為鄉人所推服。景泰初。大盜攻縣治。暹奉檄親詣賊巢撫諭。生擒賊首二千餘衆。招撫民人一千餘家。天順末。流賊聚刼縣境。暹復奉檄招募民兵。親犯矢石。斬獲賊首張記等。境內以安。鎮撫等上其功。授知縣督捕盜事。

濮仲翁

十下八十九。六下廿七

馬

澓姓望出東海漢宣帝微時受詩於東海

澓仲翁

目夷

字子魚宋襄公庶兄祊桓公有疾襄公爲太子固請曰目夷長且仁君其立之公命子魚子魚辭曰能以國讓仁孰大焉臣不及也且又不順遂走而退桓公薨襄公即

位使子魚爲司馬目夷之後以王父字爲氏

叔無孫

呂覽高唐大夫叉叔壽光武時破虜將軍

鞫詠

宋開封人父勵廣南轉運使詠舉進士累官監察御史錢惟演圖入相詠言其憸險

惟演聞之亟去大安殿生芝草命羣臣就觀詠言願以援進忠良退斥邪佞爲國實以訓練兵農豐積倉廩爲天瑞草木之怪何足尚哉累官天章閣待制

鄐熈

統譜鄐熈漢人爲東海太守

縮高

魏攻管而不下安陵人縮高其子爲管守
信陵君使人謂安陵君曰君其遣高吾將
仕之以五大夫高聞之曰信陵君爲人悍
而自用此辭及必爲國禍吾已全已無違
爲人臣之義也豈可使吾君有魏患哉乃
止使者之舍刎頸而死信陵君聞高死服
縞素避舍使使謝安陵君曰無忌小人也

困於思慮失言於君敢再拜釋辠。

冉若謹

漢人冉里先生之後。

腹擊

國策腹擊爲室而鉅荊敢言之主謂腹子曰何故爲室之鉅也腹擊曰臣羇旅也爵高而祿輕宮室小而帑不衆主雖信臣百

姓皆曰國有大事君必不爲用今擊之鉅宮將以取信於百姓也主君曰善」又墨者有鉅子腹䵍居秦其子殺人秦惠王曰先生之年長矣非有他子也寡人已令吏弗誅矣腹䵍對曰墨者之法曰殺人者死傷人者刑此所以禁殺傷人也夫禁殺傷人者天下之大義也王雖爲之賜而令吏弗

誅。臣不可不行墨者之法。不許惠王而遂殺之。

蝮惟良

唐乾封年。武后殺武惟良。改姓蝮。惡之也。

復塗禎

周有復塗禎。衞靈公近臣癰疽彌子瑕。二人專君之寵。以變左右。塗禎以夢諷君。於是因廢癰疽彌子瑕而立司空狗。

鳩冶

藝文志鳩冶子著陰陽家一篇。

麴允

晉有麴允金城豪族西州語曰麴與監牢筆下數頭南開朱門北望西樓建興初拜左僕射又唐有麴文泰。

竹夜郎

漢武帝時有犍爲太守竹夜郎。東漢有下邳侯竹曾。又唐有竹承構。開元末爲宣州刺史。務戢姦究。黜貪黷。與班景倩同風。時有班竹之號。

肅詳

漢鴈門太守。時祊與郡守爲銅虎符竹使

符

鹿毛壽

史記鹿毛壽勸燕王噲讓國於子之三年國大亂又南北朝有鹿悆字永吉好兵書陰陽釋氏之學仕魏爲黄門侍郎孝莊嘉其清遷尚書左僕射

木槩

晋人。木㮣著戰國春秋十二篇。又南北朝木德信。少孤。過姊家。爲雞黍而不受。後爲三府長史。名播異域。

宿進

宿。音速。字儒忠。黄陂人。正德中刑部主事。上封事。詆觸中貴。杖之朝堂。落籍歸。歸二年而卒。進博學好古。倜儻有志節。旣家居

卽搆太極亭讀書其中

斛繼善

宋紹興汀州別駕

竺晏

後漢凝陽侯宋有竺大年字耕道性行嚴重理學淹貫受學沈端憲公煥所著有禮記證義等書 國朝有竺淵宣德中進士

以福建參議奉　敕守銀坑效節

鬻拳

左傳鬻拳强諫楚子臨之以兵懼而從之鬻拳曰吾辠莫大焉遂自刖也

鞠武

燕太子丹太傅出見田光光薦荆軻又

國朝有鞠越文登人年十八聘于氏正德

中流賊破城鉞與于俱被虜至城南市逼鉞以從要使割髮鉞厲聲罵曰頭可斷髮不可割遂被殺氏義不辱觸石而死副使馮世雄碣其墓曰雙節

速希覺

宋人知連州又　國朝有速斌正統中韶州衛千戶

服虔

漢滎陽人。字子慎。善著書。作春秋左氏傳解行世。又著文、賦、碑、誄、書、記、連珠、九憤、十餘篇。靈帝時官九江太守。

潚河

漢鴈門太守。

宓不齊

說苑宓子賤魯人爲單父宰須行過於陽晝曰子亦有以送僕乎陽晝曰吾少也賤不知治民之術有釣道二焉請以送子夫投綸錯餌迎而吸之者陽橋也其爲魚也薄而不美若存若亾若食若不食者魴也其爲魚也薄而厚味子賤曰善於是未至單父冠蓋迎之者交接於道子賤曰車驅

之車驅之陽晝之所謂陽橋者至矣於是至單父請其耆老賢者而與之共治

沐茂

漢洛陽令上書救李雲貶秩二等　國朝有沐文英開國元勳下雲南封西平侯

麴崇裕

晉人麴崇裕著郊祀集十卷又唐有麴信

陵貞元中爲望江令有惠政亢旱祈雨立

至白居易爲作秦中吟

綠圖

綠圖顓頊之師潛夫論綠作樛其後漢功

臣有樛廣德

觸龍

史記趙孝成王新立太后用事秦急攻之

趙氏求救於齊。齊曰。必以長安君爲質。兵乃出。太后不肯。大臣彊諫。太后明謂左右曰。復言長安君爲質者。老婦必唾其面。左師觸龍言願見太后。太后盛氣而胥之。入徐趨而坐。自謝曰。老臣病足。曾不能疾走。不得見久矣。竊自恕而恐太后體之所苦也。故願望見太后。太后曰。老婦恃輦而行。

曰食得無衰乎曰恃粥耳太后不和之色少解左師公曰老臣賤息舒祺最少不肖而臣衰竊憐愛之願得補黑衣之缺以衞王宮昧死以聞太后曰敬諾年幾何矣對曰十五歲矣雖少願及未填丘壑而托之太后曰丈夫亦愛憐少子乎對曰甚於婦人太后笑曰婦人異甚對曰老臣竊以爲

媼之愛燕后賢於長安君太后曰君過矣不若長安君之甚左師公曰父母愛子則爲之計深遠媼之送燕后也持其踵爲之泣念其遠也亦哀之矣已行非不思也祭祀則祝之曰必勿使反豈非計長久爲子孫相繼爲王也哉太后曰然左師公曰今三世以前至於趙王之子孫爲侯者其繼

有在者乎曰無有曰微獨趙諸侯有在者
乎曰老婦不聞也曰此其近者禍及其身
遠者及其子孫豈人主之子侯則不善哉
位尊而無功奉厚而無勞而挾重器多也
今媼尊長安君之位而封之以膏腴之地
多與之重器而不及今令有功於國一旦
山陵崩長安君何以自託於趙老臣以媼

爲長安君之計短也故以爲愛之不若燕后太后曰諾恣君之所使之于是爲長安君約車百乘質於齊齊兵乃出子義聞之曰人主之子骨肉之親也猶不能恃無功之尊無勞之奉而守金玉之重也而況於予乎

曲仲尼

漢太常卿又曲端宋紹興中名將多破虜功卒後張曲端旗猶足以懾敵

督君謨

朝野僉載督君謨善射閉目而射應口而中有王靈智者學其法久之曲盡其妙欲射君謨殺之君謨時無弓矢執一短刀矢來輒折末後一矢以口承之遂齧其鏑謂

靈智曰學射三年但未教汝齧鏃耳又風
俗通有督瓚

蠋沐

說苑湯誅蠋沐太公誅潘阯管仲誅史附
里皆姦佞傾覆之徒

逯仁傑

唐人爲夏官郎　國朝逯宏字希遠年十

八陳時政得失。高皇帝悅之。試秋柳稱
旨。授之官吏部。又有遜相。母疾終。相悲
號仰天泣血。躬荷甬負土成墳。廬墓三年。
時大水盈尺。水不浸廬。人皆異之。

籥滑

呂覽籥滑墨子弟子。爲天下名士。一作禽
滑釐。

續牙

舜七友中有續牙又漢續相如使西域發
外王子弟誅扶樂王首虜二千五百人封
承父侯又晉有續咸師事京兆杜預專春
秋鄭氏易所著有遠游志異物志汲冢古
文釋各十卷

蓐收

高陽氏五正。蓐收爲金正。見家語。

燭之武

鄭大夫。晉侯秦伯圍鄭。鄭伯使燭之武往見秦伯而說之。秦伯說。與鄭人盟。使杞子逢孫戍之而還。

王況

建武中陳留太守。專務以德化民。蝗不入

境遷大司徒王音肅

束晳

晉束晳字廣微舉孝廉茂才皆不應所著有五經通論補亡詩文集數十篇

睦豫

字道閑弱冠州舉秀才北齊天保中參儀禮令爲員外散騎長侍

沃焦

三國時人見神仙傳。又　國朝沃野。洪武初溫縣令。民艱于食。野令開闢荒蕪。樹藝桑棗。百姓歌曰。田野闢。沃公力。衣食足。沃公育。既去。民遮道留之。

粟舉

袁紹將。爲魏郡太守。又有粟大用。大中祥

符聞以通五經應童子科入試眞宗奇之。後爲南雄太守。

駮少伯

代人。初爲盧芳將。歸漢。封安定侯。

嶽思忠

榆次人。弘治舉人。知通渭縣。寛猛相濟。政事熈然。

樂喜

宋正卿。郎司城子罕也。宋人得玉以獻子罕。子罕不受。曰。我以不貪爲寶。爾以玉爲寶。宋平公築臺。子罕請俟農工之畢。築者謳曰。邑中之黔。實慰我心。

角閎

光武時據汧洛。後降吳漢。又角善敖。後漢

人。

偓佺

槐山采藥父也。好食松實。能飛行逐走馬。以松子遺堯。堯不服。受服者皆三百歲。

濁賢

漢書元后傳有濁賢。爲掖庭令。又漢書貨殖傳。濁氏以胃脯而連騎。

濯輯

古賢人見風俗通。

吉項

河南人聖曆中遷天官侍郎時張易之以寵盛思自全問項計項曰天下思唐久矣廬陵斥外湘王幽閉公盍從容請湘王廬陵以副人望卒如項教后意乃定又唐有

吉中孚。號大曆十才子。官戶部侍郎。

一權

字子卿。越人。善画竹。有竹譜行於世。又

國朝有一炫宗。延川人。正統中靈壽縣丞。

窋佑

窋州人。宋末爲江西都統。與元師逆戰於

進賢。矢下如雨。面被矢。拔之復戰。身被四矢三鎗。遂爲所執。不。屈。而。死。

恤由

齊大夫恤由之喪哀公使孺悲弔之。孔子

使學士喪禮。

室昉

析津人。謹厚篤學。不出戶外者二十年。會

同初。累官翰林學士。遼主數延問治亂得

失知無不言朝無異議見遼史

率汀

周世宗末年伐荆罕儒爲團練使

粟腹

史記粟腹燕相奉使約歡趙以五百金爲趙王酒歸乃勸燕王伐趙趙使廉頗將兵擊破粟腹於鄗又漢粟融字客卿去官不

任王恭

遹復

宋開寶二年以太常博士通判秦州

郅都

漢景帝時爲中郎將敢直諫面折大臣於朝嘗從入上林賈姬在厠野彘入厠上目都都不行上欲自持兵救賈姬都伏上前

曰亡一姬復一姬進天下所少寧姬等耶
陛下縱自輕奈宗廟大臣何上還彘亦不
傷賈姬太后聞之賜都金百斤後遷中尉
行法不避貴戚嘗稱曰已背親而出身固
當奉職死節官下終不顧妻子矣遷鴈門
太守匈奴聞郅都名遂引兵去不敢近鴈
門」又唐郅昌爲涇原節度使築城於金佛

峽口以控吐蕃。列燧相望。如碁布。吐蕃入寇。望風而退。

漆凱之

五代史。漆凱之仕南宋爲郎中令。嘗與謝混談論。謝弘微博奕。時稱江左風華第一。人皆高之。

悉淸

呂覽神農師悉清黄帝師大撓顓頊師伯夷父帝嚳師伯招帝堯師子州支父舜師許由禹師大成贄湯師小臣。註悉姓清名。又見古今人表。

乙普明

南北朝乙普明清河人兄弟爭田太守蘇瓊諭之曰天下難得者兄弟易求者田地

晉蒯兄弟乞出外更恩分異十年遂還同任又北燕有乙逸漢南郡太守乙世

䟸跌䟽

䟸音頡䟸跌䟽後唐人

佚之狐

左傳九月甲午晉侯秦伯圍鄭以其無禮於晉且貳於楚也晉軍函陵秦軍氾南佚

之狐言於鄭伯曰國危矣若使燭之武見秦君師必退公從之燭之武見秦伯曰秦晉圍鄭鄭既知亡矣若亡鄭而有益於君敢以煩執事越國以鄙遠君知其難也焉用亡鄭以陪鄰鄰之厚君之薄也若舍鄭以爲東道主行李之往來共其乏困君亦無所害且君嘗爲晉君賜矣許君焦瑕朝

濟而夕設版焉君之所知也夫晉何厭之有既東封鄭又欲肆其西封若不闕秦將焉取之闕秦以利晉惟君圖之秦伯說與鄭人盟

鬱讓

國朝山東人正德中任穎川衛知事

佛肸

晉大夫趙氏之中牟宰佛肸以中牟叛置鼎於庭致士大夫曰與我者授邑不吾與者烹諸大夫皆從田卑則裂背髮豎而抗言曰義死不避斧鉞之辠義窮不受軒冕之服無義而生不仁而富吾不如烹遂褰衣就鼎佛肸脫屨而生之趙簡子聞中牟叛攻而取之聞田卑不肯與也求而致賞

田畀曰賞一人以懈萬夫義者不取也以行臨人不道吾去矣遂南之楚」又　國朝有佛正封丘人安慶衞千戶

乞力

五代時邊將　國朝洪武中乞賢泌水知縣

髮子

漢賈誼新書有髮子後漢有東海髮福治詩。

蔚昭敏

宋保定人鎮定高陽關三路先鋒契丹入寇昭敏與范廷召追斬萬餘級擒生口甚衆契丹委器甲遯去又蔚能朝邑人在本朝以吏員授光祿寺典簿歷陞本寺卿

進禮部右侍郎以忤　旨調南京在光祿三十餘年未嘗持禁臠回家上疏請查入內供應器皿　詔下獄問所由能請同僚曰上怒不可測能老矣當獨任之勿累諸公也既受責降未嘗有後言人尤稱之

茀翰胡

音彌晉國人見左傳

越石父

呂覽晏子之晉見反裘負芻息於途者以爲君子也使人問焉曰曷爲而至此對曰齊人累之名爲越石父晏子曰譆遽解左驂以贖之載而與歸至舍弗辭而入越石父怒請絕晏子使人應之曰嬰未嘗得交也今免子於患吾於子猶未邪也越石父

曰吾聞君子屈乎不已知者而伸乎已知者吾是以請絶也晏子乃出見之曰嚮也見客之容而已今也見客之志嬰聞察實者不留聲觀行者不譏辭嬰可以辭而無棄乎越石父曰夫子禮之敢不敬從晏子遂以爲客其後隋有越椒爲北海太守

勃鞮

晉寺人。梁武帝改豫章王爲勃氏。

謁渙

漢江州縣人。仕爲汝南太守。有公直之稱。其同邑又有司隸校尉程馬。度遼將軍譙章皆有名於時。漢又有謁居。爲張湯小吏。

物奴

昌化人。宋淳熙進士。

骨儀

天竺胡人。性剛鯁。隋開皇初爲御史。帝嘉其淸苦。拜京兆郡丞。見隋書。

忽忠

忽仲之後。忽忠。解陽人。正統中荆州通判。

忽明。山西人。萬曆中戸部主事。

月彥明

二十八、五六。廿六、四七 鄕

金元統中月彥眀爲台州錄事司達魯花赤縣未有學彥眀乃首建孔子廟旣又延儒士爲之師以教後進 國朝有月文憲居巴陵洪武初以明經舉授武昌訓導有詩集遺世

沒未央

漢人有未央知天文見李淳風乙巳占漢

又有姓沒者曰沒未央見印藪。

笪東光

湖口人。嘉靖乙丑進士。官給事黄門。又宋進士有笪深。

脱因

星子人。洪武中廉州知府。又正統中脱綱。遂寧人。任浙江都指揮僉事。征勦處州等

處反賊累立奇功壽與賊對敵陷沒景泰間褒陞一級子英襲授指揮使

禤喁德

字志學保昌人洪武乙丑入胄監性至孝歷分宜海寧龍陽三縣皆有聲遷寧國知府不尚刑罰德譽滿朝

薩琦

字廷珪閩縣人宣德中進士爲人耿介持正學有淵源授翰林編修預修　仁廟實錄陞禮部右侍郎元有薩天錫天才煥發一時文藻獨步尤長於樂府以爲天風環珮所著有文林集

刜修

漢九江太守

斡道沖

宋朝靈武人。其先從夏主遷興州。世掌夏國史。道沖通五經。爲蕃漢教授。譯論語注。別作解義二十卷。又作周易卜筮斷行於國中。

八通

江寧人。正統中任禮部主事。後以臯坐免。

滑羅

鄭大夫。又宋有滑壽。字伯仁。往來鄞越虞姚間最久。人皆稱之曰攖寧生。爲 國朝名醫。所著有讀傷寒論抄。診家樞要痔瘻篇。

捌忠

本朝石屏州人。宣德中。任利港巡檢。

三疋下・四十〇卅下・卅七周

察罕

元察罕。西域人。能通諸國字書。仁宗時累官叅知政事。暮年居白雲山别墅。嘗入見仁宗。望見曰。白雲先生來也。

頡衞

上古賢人。又　國朝有頡文林。頡居簡。俱永樂舉人。

撒仲謙

和州人。洪武舉人。又撒俊。大同人。成化間醴泉知縣。歷九載。剛果如一。

奇妓述卷九終

奇姓通卷十 入聲下

烈裔　俠累

曳庸　齧缺

列和　別成子

埶煥　揭鎮

子金　鐵鉉

雪霽　偰傒斯

豢龍　鼈令

爕玄圃　裂繻

泄冶　渫子

折彥質　鶴壽

笮倫　鄂千秋

急任　索襲

雒功　勺復之

藥崧　貉稽

洛宣　落子淵

鐸恭　作顯

閣輔　博勞

約續　若章

矍璋　胥壽

帛和　格輔元

百豐　赤斧

客孫　郄萌

碧潭　籍福

卻正　華朱

亦尚節　液容調

柏良器　貊安

辟子方　劇孟

昔登　麥鐵杖

造原霖　虢射

席豫　伯虔

酈食其　荻赦之

糴茷　析歸父

錫光　狄虒彌

㦵䵵　力僧護

食子通　國淵
弋恂　墨翟
黑光翰　翼奉
卽費　棘子成
勒思齊　殖綽
息昌　直不疑
則長　特宮

植庭曉　賊利

職南金　邑夷

集一　及官

龔盍卿　隰朋

疾敬　習鑿齒

戢黎　塔海

闔謹　沓龍超

合左師　盍延

哈昭　捿寻

捷剢　涉佗

鄴鳳　莢斌

帖晏　跋異

掜大倫　謵朋

褻胥　郟滂

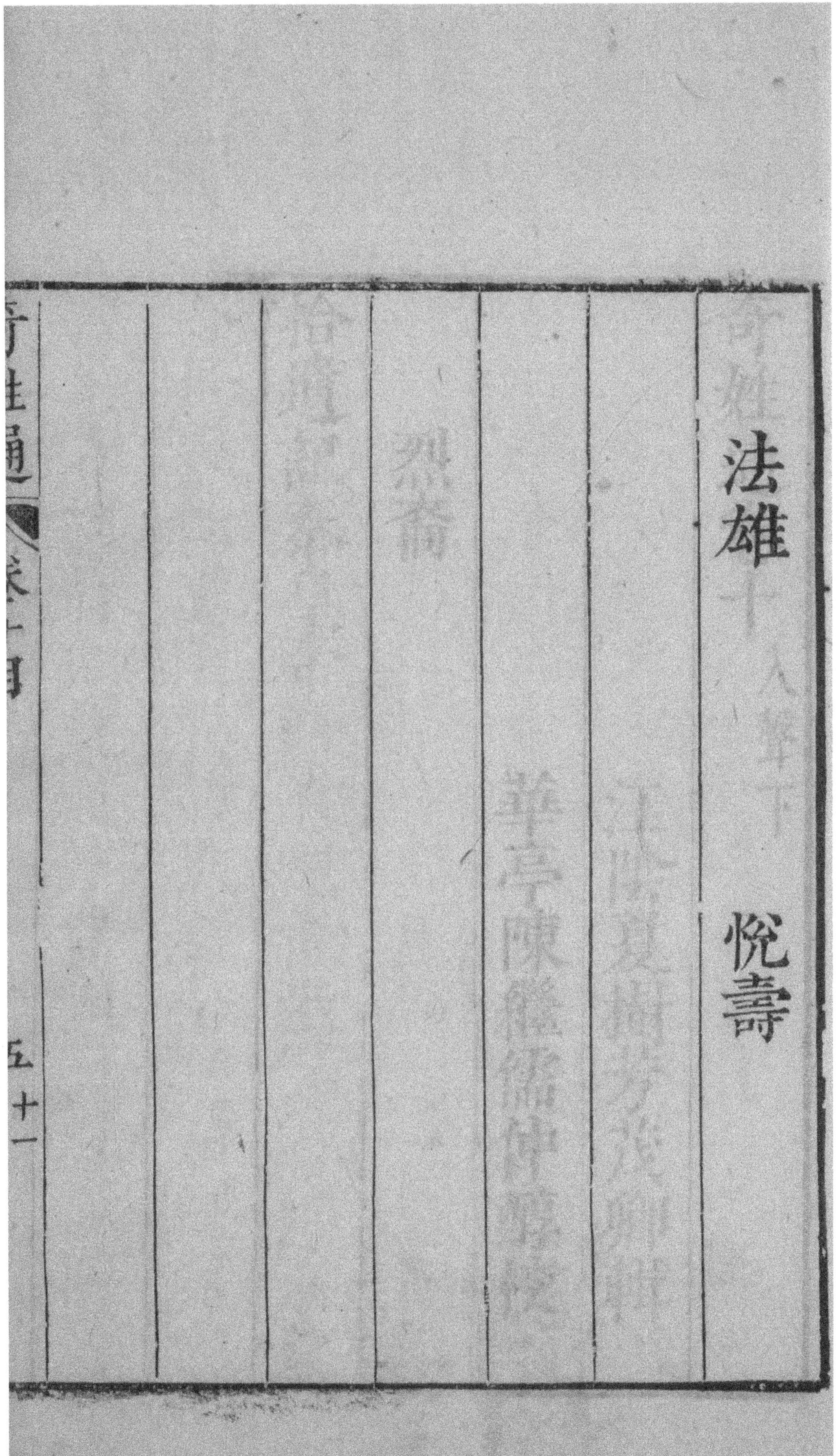

法雄　悅壽

奇姓通卷十 入聲下

江陰夏樹芳茂卿輯

華亭陳繼儒仲醇校

烈裔

拾遺記。秦皇帝時。有烈裔者。騫霄國人。口含丹墨。噀壁以成龍獸。以指歷如繩界之。轉手方圓。皆如規度。方寸內。有五嶽四瀆。

列國備馬。善畫龍鳳。軒軒然惟恐飛去。

俠累

韓大夫。又漢有俠却敵。見急就章。

曳庸

吴越春秋。曳庸告勾踐曰。奉令受使。結和諸侯。通命達旨。賂往遺來。使無所遺。出不忘命。入無避尤。臣之事也。

齧缺

淮南子。齧缺問道於被衣。被衣曰。正汝形。壹汝視。天和將至。攝汝知。正汝度。神將來舍。蠢乎若新生之犢。而無求其故。言未卒。齧缺繼以讐夷。被衣行歌而去。又莊子。齧缺。堯時賢人。受學於王倪。注。讐夷。熟視不言貌。

列和

善吹笙爲晉協律郎。

別成子

漢書別成子著望軍氣六篇辟兵威勝方七十篇又唐別修朝邑人祿山叛尚衡擧義兵討賊署爲牙將又宋人有別之傑。

執煥

宋紹興中殿使以工画人物得名

揭鎮

唐人。揭鎮爲青州刺史。　國朝揭軌。洪武初以明經舉。任清河知縣。嘗考江西鄉試。士服其公。召定書傳會選。數承顧問。所著有清河集。

子金

東昌人。宣德中任分宜知縣。

鐵鉉

字鼎石。靖難師起。鉉悉力守禦。及戰東昌小河。多鉉功。　文皇登極。自淮南擒鉉至。不肯屈。又背立廷中。令一顧。終不可得。割其耳鼻。亦不顧。劈碎其體。至死罵不絕口。時年三十有七。

雪霽

本朝洪武間。吳江汾湖巡檢雪霽。山西人。見姓苑。

偰傒斯

元人。為崑山知縣。政尚平易。凡境內忠貞孝義之事多所表章。時人賦崑山五詠以美之。國朝有偰斯。以元嘉定知州來附。

王師擢尚寶司丞兩使高麗有功歷官禮部尚書

綦龍

漢襄城侯又宋有綦路分永州司馬

鼈令

蜀本記鼈令荆人死其尸泝水上至汶山下復生見望帝立爲相自以賢不及令乃

讓國。號開。明帝五代時爲王。望帝亾魂化爲子規。蜀人聞其鳴。曰我君也。出成都記楊升庵錄之。

爕玄圃

宋湘潭人爕玄圃。咸平中進士。爲三臺御史有名。

裂繻

紀大夫。字子帛。奉使娶魯伯姬歸於紀。能爲魯國結好息民。春秋嘉之。

泄冶

陳人。仕靈公爲大夫。以諫死。又泄柳。魯人。子柳之母死。子碩請具。子柳曰。何以哉。子碩曰。請粥庶弟之母。子柳曰。如之何其粥人之母以葬其母也。不可。既葬。子碩欲以

賻布之餘具祭器子柳曰不可吾聞之也君子不家於喪請班諸兄弟之貧者

潕子

古賢人見韓非子又本朝有潕昇任鄧州知州

折彥質

字仲古雲中人紹興中累官僉書樞密院

事。趙鼎爲相屢薦彥質後秦檜專相以彥質爲鼎所引安置郴州自號葆眞居士

鶴壽

金時有鶴壽世宗時老和尚率衆來招壽與俱反壽曰吾宗室子受國厚恩寧殺我不能與賊反遂與二子俱被殺

笙倫

漢笮倫，楚人。又笮融，漢末守秣陵，孫策收之。

鄂千秋

沛人。高祖定功封侯，鄂進曰：蕭何萬世功，當封第一。上曰：進賢受上賞，何功雖高，得鄂君乃益邑。卒封安平侯。

忩任

晉中郎將悆音恪

索襲

字偉祖燉煌人虛靖好學舉孝廉方正皆不應太守陰澹奇而造焉嘗爲贊曰世人之所好先生之所棄味無味於恍惚之際兼重玄於衆妙之內宅不踰畝而志忽九州形居塵俗而棲心天外

雒功

漢人見印數。國朝有雒僉。洪武中僉都御史。

勺復之

倉州人慶曆進士。

欒松

漢欒松。河內人。天性樸忠。嘗爲郎。獨直臺上家貧無衾枕。每食糠覈。帝入臺見。而嘉之。詔大官賜常膳。歷官南陽太守。又唐人藥玩撰諸姓世家十卷。

貉稽

見孟子。又漢有貉安。見印藪。

洛宣

正統間征麓川。攻鬼哭山。身先士卒。竟歿

於鋒鏑之下。詔賜祭。加其子官一級。

落子淵

南北朝虎賁將。

鐸菾

漢鐸菾。治春秋。有鐸氏微旨三篇。見藝文志。又漢廷尉有鐸政。左傳有鐸遏寇。爲晉大夫。

作顯

漢涿郡太守。

閣輔

唐有閣輔。爲御史大夫。又閣弁訴。見急就章。

博勞

古相馬者。

約續

姓苑。約續。古賢人。見韓子。漢馬融有愛妾約氏。

若章

漢下邳相。又宋有若濤。咸平進士。

矍璋

唐黃州刺史。又矍參。四門博士。

厝壽

春秋後語。燕有厝壽。厝。七亦切。甘陵故厝地。漢有故厝城。

帛和

吳郡人。見神仙傳。又高僧傳有帛道猷。

格輔元

浚儀人。累官鳳閣鸞臺平章事。武后欲以

武承嗣爲太子輔元不從遂下獄坐以謀反處斬天下寃之

百豐

周時百豐列子弟子又漢百政南陽人見酷吏傳

赤斧

列仙傳赤斧巴戎人漢碧雞祠主簿能煉

神丹服之三十年。顔如童子。毛髮皆赤。後數十年上華山取禹餘糧食之。賣藥蒼梧湘水間。累世人傳見之。手掌中有赤斧焉。

又南北朝有赤歆。宋大將王玄謨攻虎牢。歆援兵以拒之。

客孫

字廣德。漢人。

郄萌

郄洪武正韻音隙晉有郄萌撰春秋災異十五卷南北朝郄羽撰春秋問畧十卷

碧潭

涿州人洪武中大名訓導

籍福

史記田蚡使籍福請竇嬰城南田嬰大望

曰老僕雖棄將軍雖貴寧可以勢相奪乎灌夫亦罵福福惡兩人有隙乃謾好謝蚡又游俠傳有籍少公以脫郭解故自殺滅口

郤正

字令先孤貧好學博覽羣籍仕蜀漢爲秘書郎所著述有詩賦論將百篇

革朱

功臣表。革朱以越連敖從起薛。以越將入漢擊諸侯。以都尉封煮棗侯。又漢革鑑著秘苑秘圖一卷。國朝有革從時登成化進士。上疏言事忤權貴。謫知濟寧。

亦尚節

宋開僖進士。國朝有亦孔昭為江西參

將。山東人。

液容調

漢人。見急就章。善於鍊液。後嗣因以爲姓。

柏良器

唐書。柏良器。字公亮。父友王奐見之曰。爾額大似臨淮王。面黑子似顏平原王。乃薦之李光弼。年二十四。更戰陣凡六十二。所

向無前德宗朝封平原郡王圖形凌煙閣又柏良開元中學士杜甫題其山居云山居精典籍文雅步風騷

貊安

太和人正統中內黃知縣

辟子方

見漢書城東富人左傳有辟司徒

劇孟

袁盎傳劇孟洛陽人以任俠博徒顯母死遠方送葬者車千乘家無十金之儲文帝時吳楚反周亞夫乘傳至河南而得劇孟喜曰吳楚舉大事而不求孟吾知其無能爲已天下騷動大將軍得之若一敵國云又五代有劇可久官大理少卿刪定刑統三

十卷。

昔登

漢烏傷令。又唐大理評事昔安仁。汝州人。

麥鐵杖

大統志。麥鐵杖。隋人。驍勇有力。日行五百里。走及奔馬。煬帝征高麗。進至遼水。敵兵阻水拒守。時鐵杖爲左比衛將軍。謂人曰。

丈夫受命自有所在豈能臥死兒女子手中耶乃自請爲前鋒奮躍登岸力戰而死詔贈宿公謚武烈」又　本朝麥志德連山人洪武初以孝弟力田舉上奇其謀略拜工部尚書

進原霖

洪武中授翰林編修

號射

晉大夫。漢有虢廣，爲春秋博士。又韓詩外傳：周公學乎虢叔。

席豫

字建侯，舉賢良方正。唐開元中，韓休舉以自代，拜吏部尚書，典選六年，當時以爲知人，號席公。帝登朝元閣賦詩，羣臣屬和。帝以豫詩最工。詔曰詩人冠冕也」又宋席汝言字君從。元豐五年。以尚書司封郎中致仕。與文富諸公爲耆英會。又與潞公程珦、司馬旦爲同甲會。又與司馬公兄弟、王安石、王不疑、楚正叔等爲眞率會。司馬公詩云。七人五百有餘歲。同醉花前今古稀。走馬鬬雞非我事。苧衣絲髮且相輝。

伯虔

孔門弟子以儒行著稱。

酈食其

漢書酈食其爲里監門曰諸將過此者多吾視沛公大度乃求見沛公沛公方踞牀使兩女子洗酈生不拜長揖曰足下必欲誅無道秦不宜倨見長者於是沛公起攝

衣謝之。延上坐食其說沛公襲陳留得秦積粟沛公以爲廣野君」又酈道元爲御史中尉執法淸刻爲時所忌遂遣爲關右大使平生好學歷覽羣書注水經四十卷

菽赦之

漢人見印藪。

糴茷

左傳晉侯使糴茷如楚報太宰子商之使也糴茷晉大夫糴徒弔反一杜敖反茷扶廢反一蒲發反

析歸父

左傳析歸父齊大夫漢有析伯式通京房氏易析像亦通京氏易

錫光

漢西城人。哀平時爲交趾太守。教民夷以禮義。王莽篡位。據郡不附。光武嘉其忠節。拜大將軍。

狄虒彌

魯大夫。見左傳。又狄黑。衛人。孔子弟子。

⿰麥戈䵒

南北朝梁四公。⿰麥戈音麥。䵒音湍。

力僧護

唐江陵人父力昌死其母欲從俗鬻父家貧不能悲哭不止僧護時年五歲謂其母曰何不將兒賣以易錢母乃哽咽抱兒出市賣與蜀客得錢二貫鬻之母卒以憶子目盲僧護隨客之蜀已三十年每念厥母痛死者數後復還江陵尋母得見以母因

念巳目盲遂號泣旻天以水漱口爲母舐
其目目遂明人皆異之

食子通

漢河南人見風俗通

國淵

三國時國淵字子尼樂安人初受學於鄭
玄仕魏爲司空掾屬每公朝議論嘗直言

正色後遷魏郡太守太僕卿雖居卿位布衣蔬食祿賜散之故舊宗族以恭儉自守

弋恂

江陰人永樂中知鳳縣公勤舉職吏民推服

墨翟

宋人所著書有墨子十六卷 國朝有墨

麟。字士禎。洪武中以國子生擢監察御史。歷官兵部左侍郎。

黑光翰

華陽人。弘治中舉鄉薦。

翼奉

列傳。漢翼奉。字少君。下邳人。少篤學不仕。與蕭望之匡衡同治齊詩。尤精律曆。元帝

初以諸儒薦徵待詔宦者署數言事宴見天子敬焉上封事必採究經史窮極陰陽官至博事諫議大夫

郎費

漢單父令其後唐有郎岌上書言韋后將亂

棘子成

衛大夫。疾時人文勝。特欲存質以維世風。

勒思齊

唐書。勒思齊歷陽人。武后召見奇之。授游擊將軍。李白詩。太古歷陽郡。化爲洪川在。江山猶鬱盤。龍虎祕光彩。特生勒將軍。神力百夫倍。又漢有勒尊。晉有勒滿。

殖綽

左傳。齊勇士。

息昌

周訪已擒杜曾欲出致於朝。息昌息僞皆欲乞曾以報寃。於是斬曾。昌僞共腐食之。

直不疑

南陽人。文帝時爲郎。同舍有告歸者。悞持同舍郎金去。金主意不疑。不疑不疑買金償之。

後告歸者至而歸金亡金郎大慙以此稱爲長者景帝朝爲御史大夫以功封塞侯

則長

漢人見姓苑又見印藪又則陽見莊子

特宮

左傳特宮與共華賈華叔堅騅歂纍虎山祈爲晉七輿大夫皆里丕之黨

植庭曉

北漢將。又 國朝有植士謙。植軒。一洪武中興寧教諭。一正統中文昌知縣。

賊利

吳使利殺蔡昭侯而誅利以解過。

職南金

開元閒人。深於史記。

邑夷

路史黄帝命邑夷法斗之周旋魁方標直以攜龍角爲帝車大輅紹大帝之衞於是崇牙交旂羽擶㩧矟櫑劍華蓋屬車副乘記里司道以備道哄。

集一

漢外黃令見風俗通。

及官

字士顯交河人正德甲戌進士授兵科給事中虜數犯邊言官多有論劾公獨疏俾門未杜債帥成風時人以爲確論嘉靖初奉

詔覈錦衣官校革冒濫者二萬有奇請托不行歷官戶部左侍郎公精練嚴明所至皆舉其職餘姚孫陞特紀之云

襲盍卿

常寧人以明經擢第往師朱文公明義理之學入諫垣爲右正言以直道顯

隰朋

齊公族爲大夫助管仲相齊管仲寢疾桓公往問其代對曰隰朋可臣聞之以善勝人者未有能服人者也以善養人者未有

不服人者也於國有所不敎政於家有所

不敎事必朋乎文曰惠恩盈虛與百姓屈

信然後能以國寧勿巳者朋其可乎言終

喟然歎曰天之生物以爲夷吾舌也其身

敎舌焉得生哉是歲仲朋皆卒

疾敬

清遠人弘治貢士

習鑿齒

字彥威晉桓溫辟為從事覬覦非望鑿齒著晉漢春秋以裁正之凡五十四卷又洪武中學士有習學馨

戢黎

楚大夫盧尹也盧在今襄陽公子燮子儀作亂比莊王出將如商密道盧戢殺燮及

儀而以王歸三年王使戢黎侵庸西及庸方城。

塔海

元人廬州路總管時飛蝗北來民患之海禱於天蝗隱去民乏食開廩減直民活甚衆。

闕謹

蘇州衞人成化舉人任知縣

沓龍超

官氏志沓盧氏改爲沓氏北史孝義傳沓龍超性尚義俠少爲里所重永熙中梁將樊文熾來寇益州刺史傅和孤城固守龍超每出戰輒破之時攻圍既久糧矢皆盡刺史遣龍超夜出請援於漢中爲文熾所

得許以封爵使告城中日外無援軍宜早降乃置龍超於敵樓上龍超乃告刺史曰援軍數萬近在大塞文熾大怒火炙殺之至死辭氣不撓

合左師

宋平公大夫見左傳又漢有合傳虞

盍延

漢人身長八尺彎弓二百斤光武拜虎牙將軍封安平侯

哈昭

本朝哈昭天順間以江西守備禦虜死於陣哈音蟹

接子

周時有接子著書二篇闡道家之秘漢有

接昕著書十篇見三輔決錄

捷剟

淮南子捷剟黄帝時臣又捷子六國時人著捷子三篇

涉佗

晉大夫左傳趙簡子使涉佗與衞公盟於鄟澤其後有涉正見神仙傳又有涉弼獻

三禮者。

鄴鳳

漢深令。見風俗通。

莢斌

六安人。宣德中長陽縣丞。莢音頰。風俗通。莢成僖子。晉大夫也。藝文志有莢氏春秋。又王僧孺百家志。荀永之娶平陽莢氏。

帖晏

馬平人。正德中龍川知縣。

跋異

唐末汧陽人。眉目疎秀。舉止詳雅而性沈厚。善畫。洛陽廣愛寺邀四方奇筆。乃來應募。異方草定畫樣。有張將軍圖者忽立其後。長揖而語曰。知跋君敏手。固來贊貳。異頗自負。仰笑而答曰。吾嘗謂画之聖者在吾手筆。豈須贊貳。然後爲工哉。圖曰。願繪右壁。或不克意。則請朽墁之。乃就西壁。不暇朽約。搦筆揮寫。倐忽而成。異乃瞪目跋䟴。驚拱而言曰。子豈非張將軍乎。遂引退。後補先寺請異画大殿護法善神。方朽約。忽一人自稱李羅漢。當與汝對画。角其拙巧異乃竭精竚思意與筆會屹有神色肖貌天成時京洛士人爭來品藻李乃縱觀見其超玄入化非巳所及遂手足失措異大得色遂誇咤曰昔見敗于張將軍令取捷于李羅漢見唐朝名画錄

抳大倫

國朝宣府人持詔往諭佛菻國抳音聶

謵朋

黃帝將見大隗於具茨之山方朙爲御昌寓驂乘張若謵朋前馬昆閽滑稽後車至於襄城之野七聖皆迷無所問塗

妾胥

漢妾胥。妾志。見印藪。

郟滂

唐光化中爲六合宰。嘗作懷古詩五十首。敘靈巖則曰巖峻嘗有靈瑞。敘龍津則曰士馬更戍往來。若儒學士林館。龍池昌市樓等處。皆有題詠。載在詩紀。

法雄

字文彊。漢扶風人。初爲宛陵令。征海寇張伯路等。轉青州刺史。後平登萊寇有功。遷南郡太守。郡濱帶江沔。有雲夢藪澤多虎。吏驅民往捕之。擾害滋大。雄乃毀檻阱破機械戒勿妄捕山林。自後虎害頓息。民乃獲安。」又三國志法正字孝直。郿人。從漢昭烈平蜀。爲太守。終尚書令。昭烈東征敗績。孔明歎曰。孝直若在。必能制主上東行。不至傾危也。

悅壽

南燕慕容超時尚書也。王師圍廣固城。悅壽言於超曰。天地不仁。助寇爲虐。戰士尫病。日就彫隕。守困窮城。思望外援。宜追許鄭之蹤。以存宗廟之重。超歎曰。廢興命也。吾寧奮劍决死。不能銜璧求生。劉裕四面進攻。壽遂開門以納王師。